CITY CODE
城市密码

蒋涤非 著

中国建筑工业出版社

图书在版编目（CIP）数据

城市密码 = CITY CODE / 蒋涤非著. — 北京：中国建筑工业出版社，2024.1

ISBN 978-7-112-26486-5

Ⅰ.①城… Ⅱ.①蒋… Ⅲ.①城市文化—研究 Ⅳ.① C912.81

中国版本图书馆 CIP 数据核字（2021）第 171354 号

责任编辑：率　琦　陈　桦
责任校对：李美娜

城市密码
CITY CODE
蒋涤非　著

*

中国建筑工业出版社出版、发行（北京海淀三里河路 9 号）
各地新华书店、建筑书店经销
北京点击世代文化传媒有限公司制版
北京富诚彩色印刷有限公司印刷

*

开本：889 毫米 ×1194 毫米　1/20　印张：11⅗　字数：213 千字
2024 年 1 月第一版　　2024 年 1 月第一次印刷
定价：**139.00 元**
ISBN 978-7-112-26486-5
（37998）

版权所有　翻印必究
如有内容及印装质量问题，请联系本社读者服务中心退换
电话：（010）58337283　QQ：2885381756
（地址：北京海淀三里河路 9 号中国建筑工业出版社 604 室　邮政编码：100037）

序
芝麻，开门

城，因人而生，亦因人而变；未来，城在何方？你在何处？

城市作为人的聚落，是生命体的一种聚集方式，是一种生态系统，"人是什么？"的追问仍然应该是城市问题研究的原点。

我们正面临着一种新城市状态——无处不在的网络互联。我们需要重新思考设计、工程和规划的伦理基础——一个依靠边界和围栏构造的世界正逐渐转化为被网络和流动统治的世界，虚拟的公共生活正在挑战传统城市公共空间存在的必要性，网络生活正在"解构"传统社会公共生活过程。

当代城市的迪士尼化、娱乐中心化是城市的游戏性表征。众人汇聚的城市成就了你方唱罢我登场的城市戏剧，城市成为蒙太奇般变幻的舞台；当代城市市井生活是舞台中最活跃的、最具生命力的文化状态，是人性的通俗化宣泄，是一种奔腾的"现象流"。

我们面临的问题是：在各种流动（网络化、高速化）交织的当代城市怎样建构以人为核心、具有多样性的现代公共生活空间。

当下中国，城市已成显学，政府的雄心、市民的热望都围绕它旋转。

突如其来的新冠疫情给我们带来了新思考，居家抗疫使我们置身于中国城市史千年未有之场景，这种独特时空催生出对城市本质的追问和对城市路线的反思。为了解并驯服未知病毒，我们做的第一件事就是给病毒进行基因测序；城市更是复杂生命体，我们更需要通过测度城市基因来解码城市，我们需要通过寻找"芝麻，开门"的密码洞穿迷雾，靠近真相。

其实，一千个观众眼中有一千个哈姆雷特，每个人心中都有一个永恒的城——是尘封已久的童年的城市，是阅读中的异域他乡，或是想象力所及的未来之城。而身处的城市与心中的城市总有一种错位，眼前的感受往往不完美——城市于人或是回望初恋的情境，或是梦中的情人与渺远的偶像。

人类对城市完美生活的梦想历来以指向未来的方式呈现，从柏拉图的理想国、耶稣的天国、陶渊明的桃花源……人类出于对现实的无奈，以及对未来世界的不确定，常常把所有希望和美好寄于一个已消亡的古代社会，或一个充满想象的未来黄金时代，都是试图为千差万别的城市建立一种具有普适性的理想空间模式。

20世纪的著名建筑师执着于新城市梦想，这些圣哲们的理想宛若"神"授：他们对人类生活空间天马行空般的多元构建，宛如理想国的世俗版本。这些新城市版本展示出的是人类在特定空间秩序中寻求一种集体理想的独特能力。

21世纪城市已发展成一个超级复杂的系统，面对超级复杂的城市系统，我们不能束手无策，应潜入城市深处，解析城市基因，归集城市基因组库，在复杂中抽取纯粹，解析城市的存在基础。

城市基因是城市建成环境与自然环境、历史文化长期互动契合与演化中形成的相对稳定的特征，它承载着不同地域特有的信息，形成城市特质，是城市得以有机发展、有序传承的内在建构力量。

城市基因表现在城市形态上十分丰富，不同地域文化呈现出不同的结构、肌理、序列特征。类比于生物基因影响生物体的性状，城市基因影响着城市形态演化和发展。通过对城市基因的识别提取与传承管控，可以推动城市建筑与规划设计方法从关注城市空间形式到城市基因分析的方向性转变，为城市建设与自然保护、文化传承的多元共赢提供了一条新的路径。

城市密码正是对这些城市空间基因的读取，对城市巨系统的提纯，为我们当前城市状态下延续对人类未来完美生活的梦想提供基因因子。从而为"万能技术魔法"下肆意生长的城市再赋新的梦想，再造城市新的生活图景。

一个城市只有了解自身想成为什么之后，才能把握住未来方向。任何时候都不能忘记本质，不要忘记在海量信息中读取基因密码，从日常中抽离出本质，这样才能使多数人理解并接受一份新的未来图景，从而获得多数人的支持，共同建造未来的城市。

城市开放而混沌，寻找城市密码注定会费力不讨好，而处于当代复杂多元的后城市空间，电子技术和生命科学也正在迅速解构我们对于未来的预见能力。因而，很难找到一个纯净的原点，只能在散乱中寻找。这种寻找有时如田园牧歌，有时又如午夜狂欢，更多的也许是一种使命，是理性与良知，因思辨的洞悉而激起我们对当前和未来城市的追问。

PREFACE
OPEN SESAME

Cities are born and developed by people. Therefore, what will the future cities and human beings be?

As a kind of human settlement, city is an aggregation of lives and a kind of ecosystem. And the unremitting exploration of "human nature" is still the origin of urban studies.

Nowadays, we are facing a new urban state with an ubiquitous Internet. And we need to rethink the ethical basis of design, engineering as well as planning—From a world constructed by boundaries and fences to a world gradually dominated by networks and mobility. Virtual public life is challenging the necessity of the existence of traditional urban public space, and the internet is "deconstructing" the process of traditional social public life.

The Disneyfication and Entertainment centralization are the new characteristics of contemporary urban entertainment. The nature of entertainment is the abstraction of life. Dramatic city where people gathered makes the city vibrant. And the city becomes a montage like changing stage; What's more, Contemporary urban life is an active and vital cultural state. And the marketplace is the popular catharsis of human nature and also a kind of "phenomenal flow".

However, the problem we are facing is: how to construct a diversified modern public living space with human as the core in the contemporary city with various high speed internet?

At present, Chinese urban studies have become a practical learning, around which the government's ambition and the market's wisdom has revolved.

The rampant new coronavirus has brought us new thinking. Since home-based anti epidemic policy has been put forward. Such a unique era that has not been seen throughout the history of China has triggered profound thinking of the nature in cities' development. Nowadays, we human beings tame the virus by gene sequencing. Similarly, cities have more complex forms so that we decode cities by measuring cities' "genes". Therefore, we can get rid of the misunderstandings and get close to the truth of the city.

As a saying goes, there are a thousand Hamlets in the eyes of a thousand viewers. Similarly, everyone has his or her eternal city in their minds—a city of childhood, a foreign city existed in fairy tale, or a future city within imagination. However, there is always a gap between the real city and the city in mind: the real city is never perfect, but people's feelings about the ideal city are like irrepressible impulse of yearning towards their dream lovers or idols.

Mankind's dream of a perfect city life has always been presented in the future: from Plato's ideal country, Jesus's heaven to Tao Yuanming's paradise of peach gardens, etc. Based on dissatisfaction with reality and uncertainty about the future, human beings often place their hope and goodness to an ancient society, or to an imaginative future golden age. And city governors have spared no efforts to explore a universal and ideal spatial model for

The vast different cities.

In the 20th century, architecture masters are even more obsessed with future cities. Their advanced ideals are like divine gifts to human beings: like a secular version of heaven, dedicating to the reality city with profound rewards. The contemporary concept of future city shows the unique ability of human beings to seek a collective ideal in a specific spatial order.

In the 21st century, The modern city has developed into a super-complex system. facing a super-complex urban system, we are not helpless. We should think deeply about the city, analyzing and refining the essence of city development, and then, extracting the essence from the complexity, and reshaping the existence of the city.

The urban gene is a relatively stable feature formed by long-term interaction and evolution of the urban built environment, natural environment, as well as history & culture elements. It carries the unique characteristics of different cities. It is also the internal driving force for cities' organic development and orderly inheritance.

Urban genes are various in urban morphology, which can present different structure, texture, and sequence of the cities. Analogous to biological genes affecting the traits of organisms, urban genes affect the evolution and development of urban morphology. Through the identification and extraction of urban genes, analysis and evaluation to inheritance, planning and design methods can be promoted from urban spatial forms to urban genetic analysis. It can also provide an effective design method for urban construction, nature protection, as well as cultural inheritance.

A city can only confirm its future direction by accurately self-definition. Extracting the essence from daily massive amounts of information, the future Utopian vision will be accepted and achieved. Moreover, equipped with Utopian vision, more audience will join in building the future cities.

Only when a city knows what it wants to be, can it grasp the future direction. We should not forget the essence at any time, nor should we forget to distinguish the gene from the mass of information and extract the essence from daily life. Only in this way can most people understand and accept a new prospect of the future, and gain the support of most people to build the future city together.

The city is pluralistic and chaotic. Therefore, exploring the city code is destined to be difficult. In the contemporary complex and diverse post urban space, electronic technology and life science is rapidly deconstructing our ability to foresee the future. Therefore, it is difficult to find a pure origin in the scattered world. This exploration is sometimes like an idyllic pastoral, a collective enquiry or a midnight carnival! In addition, reconstructing Utopian may be more of a mission, combining rationality with conscience, achieving the goal of speculative insight into the future city!

目 录 CONTENTS

序 芝麻，开门
PREFACE OPEN SESAME

天地之间 BETWEEN HEAVEN AND EARTH / 1
"和"声 ABOUT HARMONY / 2
"面"谈 ABOUT FACE / 5
"礼"论 ABOUT ETIQUETTE / 9
"门"道 ON DOOR / 12
色·戒 COLOUR·CAUTION / 16
自 在 TRANSCENDENCY / 23

自然启示录 APOCALYPSE OF NATURE / 29
"快"语 ABOUT FAST / 30
"新"说 ABOUT FRESHNESS / 35
论"变" ABOUT ALTERATION / 38
突"围" WALL BREAKOUT / 42
江 河 RIVER / 46
论活力 ABOUT VITALITY / 52

王之城 CITY OF KINGS / 63
论城市的权力本质 ON THE POWER ESSENCE OF CITY / 64

纪念性与市民性 For Commemoration and For Citizen / 78
　　城"管"的价值 Value of City Management / 83
　　双尺度城市 Double-scale City / 91
　　权力空间 VS 游戏空间 Power Space VS Playness Space / 106
　　建构与解构 Construction and Destruction / 114

众生相 Sentient Beings' Faces / 119
　　论城市的游戏性 About Playfulness of City / 120
　　新生活 New Life / 134
　　新媒介生存 New media survival / 139
　　消费至上 About consumerism supremacy / 143
　　不夜城 24-hour City / 149
　　边界与跨界 Border and Cross-border / 155

城市经络 City Collaterals / 165
　　城与市 City and Markets / 166
　　"杂"谈 About Hybridity / 170
　　虚实之间 Something for Nothing / 176
　　新城病 New City Issue / 180
　　故事"容器" Stories Container / 185
　　二维中国 2D China / 190

注释与图片来源 Notes and Picture Sources / 199

后记　一路行吟 / 215
Postscript　Walk along, singing

天地之间
BETWEEN HEAVEN AND EARTH

「和」声　ABOUT HARMONY

「面」谈　ABOUT FACE

「礼」论　ABOUT ETIQUETTE

「门」道　ON DOOR

色・戒　COLOUR・CAUTION

自在　TRANSCENDENCY

"和"声
About Harmony

当代城市，少"和"。

人类最初筑城，为"和"。

"和"是个人修养与社会生长的胜境，是"乐"的精神、浪漫、情感、意志、生机！是春天的垂柳，是拈花微笑的姿态（图1-1）！

西方思想将世界理解成二元，即心与物。这种二元论是对真实世界的割裂，面对二元抑或非二元，传说中的佛陀总是拈花微笑。

"和"是一种"中"，即"中和"（moderation），我们自取国号"中国"，不止于地理上的印象，也昭示一种生活轨范（图1-2）。

图1-1 "和"是个人修养与社会生长的胜境，是"乐"的精神、浪漫、情感、意志、生机！是春天的垂柳，是拈花微笑的姿态！

罗素谓人类有三种冲突：

人与自然，人与人，人与自身内心；

庄子则将"和"分解为：

天和、人和、心和（图1-3）。

"天和"，即"与天合"，天人合一，将人归于宇宙秩序，是一种"孝敬"，是酬谢生的大惠。

"人和"，即人乐，父父、子子、兄兄、弟弟、夫夫、妇妇，万物各得其理而后和。与世俗共处，无争无怨、相安和谐、群策群力的社会，共生共栖之境。

"心和"，善、美浸润于心灵深处，心灵游牧于人生和谐之境，驰骋于多彩世界。

我们所崇尚的仪式化场面，不能代替古已有之的日常性生活——恰恰是这些生活性因素维持着人类文化的生长与繁衍！

我们膜拜机器，城市已离不开机器，而这些机器对我们生活的目的怀有本质上的"敌意"！

各种没有理智的残忍力量，在威胁人类生存！

城市功能结构彼此分离，必须整合，以统一人的内部与外界生活，以适应生命有机

图1-2 晨光

"和"是一种"中"，即"中和"（moderation），我们自取国号"中国"，不止于地理上的印象，也昭示一种生活轨范

图1-3 庄子图

庄子将"和"分解为：天和、人和、心和

世界的富饶（图1-4）。

支离破碎的人性人格应重新统一，通过城市功能设施的整合，把职业分隔、社会分隔的人——官员、专家、能手——变成社会的人、大同世界的人。

生命的力量聚集在一起——应该开始一场新的城市功能聚合演义！

当我们仰望星空时，同样深爱着大地，进一步，只要我们站得足够高，就会发现：大地是星空的一部分！

不应再是"天无二日"的时代，世界已呈现多元价值格局，十日并出，"万物负阴而抱阳，冲气以为和"——开放社会中开放心灵的城市图景！

城市应当是一个爱的器官！应具有母亲般养育生命的功能，是一个共同的家园（图1-5）！

城市的责任，在于通过自身复杂、持久的机能，使城市舞台上演的每台戏剧，具有最高程度的思想光辉，善的目标和爱的色彩（图1-6）！

天、地、人，和为贵！

图1-4　城市功能结构彼此分离，必须整合，以统一人的内部与外界生活，以适应生命有机世界的富饶

图1-5　城市应当是一个爱的器官！应具有母亲般养育生命的功能，是一个共同的家园！

图1-6　北京奥运会开幕式场景

"面"谈
ABOUT FACE

狮身人面、法老的金面具（图1-7），"面"昭示着"人是什么"的恒久追问……

如果说中国人特性中有许多暗锁还未被打开，那么"面子"便是打开这些暗锁的钥匙。

单面、假面、多面乃至无面，中国城市之面呈现纷繁的景象。

单面，现代性具有单面性。

图1-7 金面具

中世纪哥特式教堂空间奉献给神，现代主义城市则是奉献给没有具体面孔的人类，现代社会生活造就许多单面人。通用材料与技术、普适生活方式，以进步的名义，打破国界城界，差异化迅速消失，展现为库哈斯所谓的"通属城市"。在卡尔维诺《看不见的城市》中，马克·波罗至少还有看不见的城市——他心中永远的故乡威尼斯；现代强大的交通、通信和大众媒介，将人们"嵌入"共同的情境，千城一面，故乡无可识别，"乡愁"只成为"诗人"的矫情（图1-8）。

"假面"，影像城市。

中国当代城市沉浸在商业文化影像氛围中，我们把握的信息是传媒包装后的信息；面对众多信息图景，我们与那些事件"本身"之间云遮雾绕，城市空间乃至建筑立面被简化为二维的图像，人们关心的只是包裹着物体的外在图景，人们习惯并期待着一种模糊、无深度、无中心，甚至也不需要提供真实世界基本意义的生活。

京剧为国粹，其人物"脸谱化"，代表着重"形式"、喜"化妆"的传统；影星刘德华四川拜师学"变脸"，不全为作秀（图1-9）。有人认为，中国传统建筑是"门"的艺术，也即"面子"的艺术。以此可解读"面砖"何以在中国盛行。

今天的文化通常是打扮出来的文化，是导演导出来的、舞台化的文化。忙着赶时髦，人成为活着的机器。现在的知识分子是网络知识分子，往往沦为检索机器。

形式问题一直占据着建筑话语的中心，使建筑逐渐演变成一种纯粹的形式游戏，这种城市往往是匆忙、临时、外来、拼凑的，犹如戴上了面具，有的城市成为狂欢的"假面舞会"（图1-10）。"后现代"曾为中国现代建筑戴上传统的假面；而当下流行

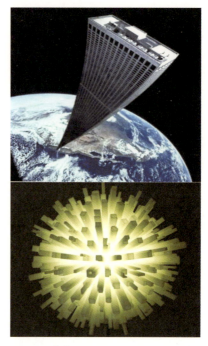

图1-8 千城一面

通用材料与技术、普适的生活方式、现代强大的交通、通信和媒介，将人们"嵌入"共同的情境：千城一面，故乡无可识别

图1-9 川剧变脸

的"表皮"也可能成为现代建筑高技术高制作的假面。

多面，城市是一个故事。

一个反映人群关系的图示、一个相关决策的系列、一个充满矛盾的领域，我们应同时寻求秩序与浑沌、简单与复杂、永恒与偶发的共存，私人与公共的共存，革命与传统的共存。

图1-10 假面舞会

形式问题一直占据着建筑话语的中心，使建筑逐渐演变成一种纯粹的形式游戏，这种城市往往是匆忙、临时、外来、拼凑的，犹如戴上了面具，有的城市成为狂欢的"假面舞会"

多面城市，是多情之城，城市成为一个吸盘；是多维之城，城市成为各种历史片断的丰富交织；是全时性城市，是有丰富剖面、可以形成立体化使用空间的城市；是多变之城，是功能的混合使用，空间具有兼容性、通用性；是多态之城，各种生活状态并置，既有忙碌的高效空间，又有舒缓的休闲景致。

单面城市，呈现的是单眼视域的乌托邦世界，而单面只是城市一时之态，从历史维度假以时日，可孕育出厚重的特质。

假面城市，犹如浓妆艳抹的女郎，亦有招人喜爱的一面！

多面城市，多情、多维、多变、多态，直指人性原点，人们各取所需所爱；却易成为欲望都市，为物欲所累。

无形城市，也许是至境，大象无形，大音希声，真正的生态、情态是无形，心性至上，城已臻于无形，那是未来城（图1-11）？！

当代都市代表着经济和美学力量所呈现的最高形

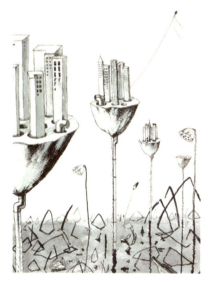

图1-11 未来城？

心性至上，城已臻于无形，那是未来城？！

式，不但是经济和社会发展的一个范式，更是现代性的隐喻，一个个形而上的现实……

80年前，鲁迅说，面子是中国人的精神纲领。

80年后，解读中国城市，"面"仍是无可绕过的话题！

"礼" 论
ABOUT ETIQUETTE

三千年中国城市，"礼"，是一只"看不见的手"！

礼，即理，是儒术的核心，是秩序、等级制度，是使人控制自然！成熟于西周的礼制制度，渗透进整个中国社会生活（图1-12）。

唐长安，明清北京，呈现的是《周礼》所谓的"王城图"。等级秩序远高于城市实际功效，建筑使用功能已退居其次；古代城邑、皇宫、王府、住宅等都与"礼"密切关联；这种一元化城市依照君主的态度营建，"礼"具有了法的性质，非礼即犯法（图1-13）！

当代中国，礼制文化意识，依然存在！

图1-12 孔子像

礼，是儒术的核心。礼制制度渗透进整个中国社会生活

当代城市，权力之流（flows of power）已被流动的权力（power of flows）所取代，大马路为流动的汽车而设，机器至上，是另一种"礼"的等级制！是没有灵魂的现代性！

现代城市规划源于乌托邦、空想社会主义，从"田园城市""阳光城"可以窥到"礼"的因子！这揭示了为什么当代中国城市与"礼"如影随形！

形式主义倾向——"形象工程"——是"礼"的当代投影！

科技在改变城市格局，一种生动的新城市状态——那无处不在、无法逃离的网络互联，需要我们重新审视城市建设的伦理基础！

欲求在铸造城市性格，城市是多元化的生命系统，应为居民提供生态服务，平民化时代已到来！

现代性，人是作为概念化"圣人"而存在，忽视了对具体人的尊重！礼制思想下城市的物质形态被规划设计所强化，我们忘记了物质形态背后更本质的东西——人的生活！社会和经济的力量！

我们现在捍卫的、唯"礼"的目标——传统城市秩序，百年后，在"游戏帝国""太空城"

图1-13 王城图

唐长安，明清北京，呈现的是《周礼》所谓的"王城图"。等级秩序远高于城市实际功效，建筑使用功能已退居其次；古代城邑、皇宫、王府、住宅等都与"礼"密切关联；这种一元化城市依照君主的态度营建，"礼"具有了法的性质，非礼即犯法！

图1-14 数字化生存

我们现在捍卫的、唯"礼"的目标——传统城市秩序，百年后，在"游戏帝国""太空城"中长大的后代，是否会承认是他们的精神根系？！

中长大的后代,是否会承认是他们的精神根系(图1-14)?!

网络、影像、娱乐时代,城市生活多元而繁复!"礼"的传统秩序,只是值得坚守的一种情结,只是城市生活中的一个因子。

儒家思想本"礼乐"相生,在营城中却重"礼"轻"乐","乐"的精神才直指人的本质!乐,是"仁""爱""和",是浪漫的精神。

乐,本乎情!

当代城市,有"嬉"的因子,这种游戏性因子催生出城市生活的许多基本形式,像发酵剂一样渗入整个城市生活!

城市应作为一种自组织系统,自在生成与生长,城廓"不必中规矩",道路"不必中准绳"。城市建设是否可以少一些"礼",多一些"乐"?去品鉴市井生活和大众文化(图1-15)!

"上帝"死了,"圣人"死了,"礼"终结了?

"乐"了,"嬉"了,"人"要登场了!

图1-15 市井生活和大众文化

"门"道
ON DOOR

> 人是悬挂在他自己编织的具有意义的"网"上的动物。
> ——马克斯·韦伯

谈到西方之"门",齐美尔指出:"门在屋内空间与外界空间之间架起了一层活动挡板,维持着内部和外部的分离……墙是死的,而门却是活的:自己给自己设置屏障是人类的本能,但这又是灵活的,人们完全可以消除屏障,置身于屏障之外……因此,门就成为人们本应或可以长久站立的交界

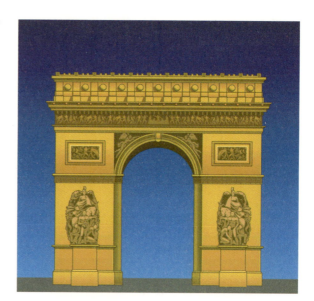

图1-16 西方概念中的"门"

点。门将有限单元和无限空间联系起来,它们并非交界于墙壁这一死板的几何形式,而

是交界于门这一永久可交换的形式。"这是西方概念中的"门"（图1-16）。它是"灵活的"，是"永久可变换的形式"，也就是具有实际功用的整体建筑物中的一个"活动挡板"。

西方还有另一种意义上的门——凯旋门，这是一种象征物，本身并不具有限定空间、组合空间的具体功用，其实与其说是门，勿宁说是一种象征胜利意志的雕塑。所以在西方，只有第一种才是真正意义上的"门"，它是附属于墙，附属于建筑物的，因而设计"门"自然不能显示出专注于空间与形体的建筑师们的当行本领。在对西方文化思潮的大量引进中，"门"的设计少有人提及。

在对中国古建筑设计意匠、设计原理的阐释方面，李允鉌先生有自己独特的见解。他十分强调中国古典建筑中"门"的作用，他在《华夏意匠》中作了如下评述：

——"门"和"堂"的分立是中国建筑很主要的特色；
——"门"制成为中国建筑平面组织的中心环节；
——中国建筑的"门"担负着引导和带领整个主题的任务；
——中国建筑的"门"同时也代表着一个平面组织的段落或者层次（图1-17）。

他甚至直截了当地说："中国古典建筑就是一种'门'的艺术。""门"在中国建筑组群构成中起着十分重要的作用，一处处建筑组群需要大门、边门、后门，一进庭院需要院门、旁门、角门。内向、多进组台的庭院式布局，自然带来了各式各样、数量繁多的单体门品类。

唐代著名诗人杜牧在《过华清宫》写道，"长安回望绣成堆，山顶千门次第开。一骑红尘妃子笑，无人知是荔枝来"。"千门"成为重要的城市意向。

对于门在中国建筑组群布局中的作用，侯幼彬先生在《中国建筑美学》中作了详尽的叙述。"门"起着十分重要的铺垫作用：①构成门面形象；②组构入口前导；③衬托主体殿堂；④增加纵深进落；⑤标志庭院层次（图1-18）。

中国庭院式建筑对单体门的调度的确达到了匠心独运的纯熟境地。在中国古建筑中重视门，有其深刻的社会伦理内涵。儒家的核心是礼制，它是维系天地人伦上下尊卑的宇宙秩序和社会秩序的准则，深刻体现在中国古代建筑之中。而"门"是这一影响最深刻的表现形式之一。中国社会制度结构与宗教关系及宗法制度密不可分，中国的"家""国"同构是等级宗法制度的直接结果，社会上一个个"个人"，是以"家"的面貌出场，作为"家"的标号。鲁迅先生在《家庭为中国之基本》中提到"国"只不过是放大了的"家"，所以在中国，建都城与营造自家庭院，都首先重视"门"（图1-19）。《周礼·考工记》就载有："匠人营国，方九里，旁三门……"

图1-17 中国建筑的"门"

私家庭院的门更是十分考究。而作为宗教制度的体现是严格的等级制度和长幼尊卑观念。这造成了"门"的形制的多样化，也造成了"门"的定型化。在中国，"门"往往昭示的是等级和地位，有"朱门"，也有"柴门"……

在当代中国，"门"往往成为建筑"思想"的外泄，是建筑趣味的风向标，每个"单位"都力图营造出"家"的感觉，"门"也就成为内与外的重要标志，是单位"面子"

图1-18 蓟县独乐寺

的象征，因而各个单位建造起"门"来往往不惜工本。这样，假建筑师之手，"门"集中折射出建设者的伦理价值观念。

中国的现代化与西方发达国家的现代化之间有一个大的时代落差，我们是在西方工业文明已经高度发达，并开始向后工业文明过渡时才开始向工业文明过渡的，这种历史错位，使得原本以历时的形态依次更替的农业文明、工业文明和后工业文明在置身于开放的世界体系的中国社会里

图 1-19　鲁迅先生在《家庭为中国之基本》中提到"国"只不过是放大了的"家"，所以在中国，建都城与营造自家庭院，都首先重视"门"

转化为共时的存在形态；与此相适应，以人与自然的自在和原始的"合一"为内涵的传统农业文明的文化精神，以技术理性和人本精神为内涵的现代工业的文化精神和以消解主体性、解构自我、重建人与自然的统一为特征的后工业文明的文化精神在中国的现代化进程中同时出现，从而演绎出风格各异的"门"：有西洋古典、中国古典、体块穿插的现代风格；有后现代的标号拼贴，解构主义的"突变、奇绝、散乱"……反映出整个社会的多元价值规范。

而我们同时也看到，在西方建筑文化影响下，中国当代建筑师对"门"的重视有相当程度的减弱。在社会彻底转型的现代化进程中，中国民众的精神世界也经历着前所未有的震荡，面临深层次的困扰。

但是面对"门"概念的变化和纷呈的"门"的样式，我们不必担心我们的文化传统会丢失，因为来自血脉相传的传统基因是绝不会自动消亡的。作为中国古典建筑的核心艺术，作为儒家"礼制"传统的象征物之一，"门"不会消失。随着中国经济的日益强盛，一个健全的新的中国文化和中国人格一定会自立起来，完成真正意义上的中国"门"的回归！

色·戒
COLOUR·CAUTION

当代城市色彩，不可戒"色"，不可纵"色"，而应"色"戒！

人们获取的外界信息中有87%是通过视觉完成的，75%—90%的人体活动由视觉引起。色彩试验证明：在正常状态下观察物体时，首先引起的视觉反应就是色彩，其次才是形状、质感等（图1-20）。

色彩，城市中古老而不朽的元素，以传统的方式延续到今天，其所承载的地域性、文化性和美学信息应该引起足够关注！

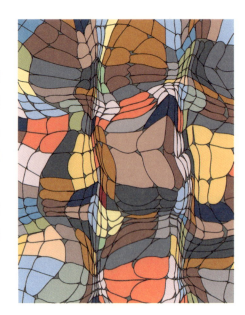

图1-20 色彩肌理镜像

有序的古典城市色彩——"色戒"之果
（图 1-21）

传统城市多数是在文化封闭、生产力相对落后的情况下成长起来的，城市建筑的颜色不仅受到当权者的严厉控制，而且受到建筑材料、施工工艺水平的限制。因此，多数城市在长期的建设过程中，城市色彩相对固定，从而形成了该城市的色彩传统。

传统城市往往通过色彩凝聚了特定的地理、人文条件下属于这个城市特定的可视传统城市形态，城市色彩承载了该地区大量的传统人文信息（图1-22）。

从中国各地方民居（图1-23），特别是中国古代官式建筑可以感受到这种强大的传统色彩特色（图1-24）。

无序的当代城市色彩——源于纵"色"

传统的城市色彩在当代文明中受到的挑战。

在凯文·林奇对于城市要素的分析中，色彩占有一个非常重要的地位，但是他却没有对色彩进行系统的分析，这也是因为当时城市的色彩运用远远没有今天如此丰富和混杂。

图 1-21　有序的古典城市色彩

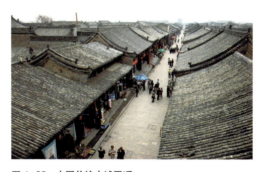

图 1-22　中国传统古城平遥

深灰色的瓦屋顶和暖灰色的砖、木墙形成了东方独特的城市色彩面貌

改革开放以前的中国，城市色彩简单，多是红色的砖墙、深灰色的混凝土建筑，城市色彩的发展呈现出一种"戒色"的状态。而改革开放之初，城市色彩在风靡全国的面砖的包裹中，呈整体"白色"状态，这是新一轮的"戒色"。

近十几年来，城市色彩呈无序发展。首先归因于各类色彩产品的发展。在20世纪60年代，可以选用的色彩只有几百种，而到了90年代，可选用的色彩已经超过数万种，其中数千种能够直接从市场上购买。

其次，快速的城市建设使城市色彩出现"断裂"特征。中国的快速城市化，其城市建设的规模和速度都是惊人的；从数量上讲，整个中国在过去的10年间就达到了西方世界100年的建筑数量；新建筑在旧环境中迅速升起，呈现出鲜明的色彩"断裂"现象。

另外，有的开发建设者和设计师往往具有建筑造型上的个人英雄主义，在色彩设计上常常陷入个人喜好，追求"标新立异"，导致一些城市色彩混乱无序！

图 1-23　湘西民居和徽州民居

图 1-24　中国传统官式建筑

"建筑失控"和"建设性失控"现象导致城市各个部分之间缺乏协调，城市的整体色彩呈现一种"纵色"状态。

城市色彩的管控——色戒

突显城市特色，控制城市色彩无序发展，应该对城市色彩进行规划管理和控制。

当代城市色彩规划的形成，宜基于四种研究途径：

（1）本土城市色彩文化传统研究

对城市本身所具的自然特征进行分析，对城市所拥有的经典建筑类型进行色彩归纳，同时更应对城市中与色彩有关的人文传统进行研究，从城市过往的传统中寻找本土城市色彩的"脉络"，只是一种"纵向"的研究方法！

从传统地域色彩到新的地域色彩的转化，就是在类型学、符号学的前提下，通过对城市色彩地域现象的调查，还原归纳出地域色彩的原型，并通过拓扑转化的方法，建构出新地域城市色彩。传统地域性色彩可以利用"抽象、引用、类推"等手段实现其现代转化，创造出既与传统地域色彩相联系，又符合现代要求的城市色彩形式（图1-25、图1-26）。

（2）同纬度、同气候城市色彩比较

光线，是影响色彩变化的最主要因素。

图 1-25 英国伦敦

城市新旧色彩的理性碰撞，城市整体呈现出一种或深或浅的灰色调

图 1-26 罗马老城区（左）、新城区（右）

罗马作为一个历史悠久的城市，其新城区的色彩与老城区相协调，呈现一种暖黄、暖灰色调

对于城市而言，光线来源于太阳，而影响太阳光线的主要因素是地理纬度、大气云层等气候因素。

相似的气候，往往对建筑的建设要求具有相似性。气候炎热地区，其建筑色彩大多选择具有反光散热作用的高明度、低纯度和冷色调颜色为主的色彩。而地理位置偏北的城市，冬季寒冷，能给人带来暖意的土红、棕色、咖啡色等中、低明度和中等纯度颜色就成了城市的首选颜色（图1-27、图1-28）。

图1-27　希腊圣托里尼岛

（3）同功能定位城市色彩比较

城市的功能往往也会影响城市色彩的整体印象。历史文化名城，往往沉淀着浓郁的岁月痕迹，呈现出各种色相的灰色系列。工业类城市，往往是新兴的城市，在色彩上呈现出各种新兴材料所组成的颜色，明快清爽（图1-29）。商业型城市，则色彩往往偏暖色调，而且呈现出暖色系中复杂多样的色彩组合。

（4）"织补"城市模式

针对当代中国城市快速发展呈现的色彩无序状态，新的城市色彩规划应该关照已有的建成色彩环境，在大量的对已有建筑色彩调研的基础上，对建成环境的色彩加以梳理，使新建建筑的色彩与已有环境相协调，同时，对已有建筑的色彩问题加以修补！

图1-28　法国巴黎

巴黎因受海洋性气候的影响，常年阴雨连绵，鲜见阳光，为此有了"爱流泪的女人"之称，因此光感十足的米黄色调就成了城市的主色调

这是将旧城更新中的"织补城市"理论运用到城市色彩研究中。以一种"针灸"方式、编织修补方式对现有城市色彩加以整合提升,以巧妙的因借织补方式使城市色彩从无序走向有序!

湖湘色彩——株洲实践

图1-29 韩国首尔,一座现代化的工业城市,呈现出浅灰色系

运用以上四种城市色彩研究方法,综合分析株洲地域性特征和人文传统因素,结合其他同纬度工业城市的色彩经验,提炼出株洲城市色彩的主色调,并对相关辅助色、点缀色进行了系统归纳。

青彩·株洲

"青"——现代工业文明城市/年轻的城市;"彩"——多彩/活力/精彩。

白天的株洲,根据株洲市"现代工业文明城市"的功能定位,采用"浅灰色系——青彩·株洲",该色彩主题词更能体现株洲城市特色(图1-30)。

图1-30 株洲市城市色彩主色谱意向

丹韵·株洲

丹——红褐色/宜居城市/温暖;韵——韵律/品位/和谐

夜晚的株洲,根据株洲市"生态宜居城市"的环境定位,推导出"暖灰色系——丹韵·株洲",并将其作为株洲夜晚的城市色彩倾向。利用灯光景观营造丰富变化的城市

夜晚表情（图 1-31）。

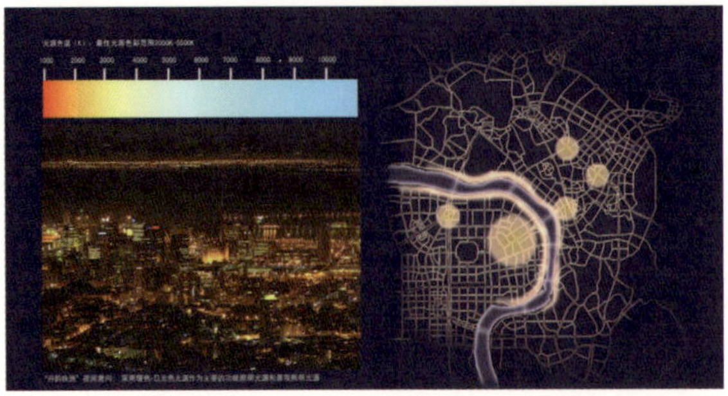

建筑物色彩控制原则

（1）控制建筑顶部色彩色相、明度与纯度，营造和谐统一的城市鸟瞰景观和天际线景观。

图 1-31 丹韵株洲夜间意向，采用暖色——日光色光源作为主要的功能和景观照明光源

（2）控制建筑中段部位色彩涂装，使其遵循建筑外观结构，并严禁大面积采用高纯度色。

（3）控制建筑低层部位色彩纯度和材质运用，营造景观适度变化与品质感。

色彩为"美化"之首，以明确的色彩规划思路为指导，在实施株洲城市美化的街道提质改造中，结合已建成街道色彩实际，采用"织补"的方式，对断裂无序的色彩加以缝合！

当代中国城市色彩普遍处于"戒色"和"纵色"状态！色彩的制约与引导，即"色戒"已成当务之急。

自 在

TRANSCENDENCY

城市密码 CITY CODE —— 天地之间 BETWEEN HEAVEN AND EARTH

自在,是超然于现在与恒在的一种存在,也是超然于尼采的酒神精神和日神精神的一种状态,它有多重译码:"留连戏蝶时时舞,自在娇莺恰恰啼"(杜甫《江畔独步寻花》),诗中的"自在"是其语义学上的本意:"安闲"。在佛学上,它意指超脱尘世喧嚣与荒谬的"净"的境界。在哲学意义上,18世纪德国哲学家鲍姆加登提出"自在"与"自为"两个相对的概念。黑格尔进一步将"自在"与"自为"分为概念的两个阶段:在自在阶段,潜藏在概念中的对立保持着原始的同一性;在自为阶段,这些潜藏的对立开始区别、分化,对立也就显现出来。而法国哲学家萨特从纯粹的主观意识出发,提出"自在存在"和"自为存在"之分。

图 1-32 远大会馆

"自在存在"指人意识之外的浑然世界,它是偶然发生的,没有目的性、因果性和规律性。

佛学及西方哲学关于"自在"的晦涩表达,其实与"自在"一词在语义学上的解释相去不远,"自在"意指安闲、自然洒脱,不刻意追求目的与规律,是一种超然的自主状态。

在某种程度上几乎所有建筑师都有"自传"倾向,建筑物往往是建筑师自我意识的外泄,建筑如其人;如果创作时建筑师的心态是"自在"的,那么建筑物也往往是"自在"的,观者与用者也能感染到这种"自在"(图1-32)。

在当代社会,自在的创作空间并不大,现在与恒在是建筑师无可回避的双向挑战。

现在,即当今社会的价值取向和现实需求,是建筑师首先必须回应的。30年来中国经济持续增长,在快速建造的城市中发出自己的声音已成共同欲求,作为社会主体的人自我表现欲望十分强烈(图1-33)。在城市建设中,都极力建造"标志性建筑";建筑师在这股英雄主义的表现欲中心浮气躁地奔走,应和,追求"宏大叙事"。各个建筑都在表现自己,都想从城市基体中脱颖而出,整个城市因而显示出被肢解的状况。

另外,在后现代语境下,多元价值体系共存,后现代、解构、欧陆风、民族式、新古典等各种风格流派在中国走马灯式地演练,安德鲁、冯·格康、KPF、SOM、安藤忠雄、库

图1-33　湖南广播电视台

图1-34　长沙市妇女儿童活动中心

妇女儿童活动中心一层架空,似浮游的飞行器,从绿色广场中浮游起来,通过与自然的表层对峙,创造出建筑与自然深层交织的动态关系,表述出无限而又不确定的潜在希望

哈斯等纷纷登场，而后现代情境下平面化的大众文化，被商业娱乐业包裹着，不断制造时尚和流变。当下的中国建筑师在风格的汰变、世俗的熏陶中忙于疲惫地追风，常常茫然而失语。

恒在，建筑强悍的物性特质既要能抵御时间的侵蚀，也需溶解人类精神，因而建筑作品应先在地服务，甚至规限未来，而未来之路在何方，谁又能准确言说？唯有托诸信仰和智性的直觉，这需要建筑师拥有哲学家与诗人的心怀与执着，即要有"哲学癖"，以直面人类社会本真的恒久价值，不是满足现世的生活之需，而是矢志于提升世人生存的品质。这就必然与现在有一层紧张的对峙关系，因为恒在的追寻会冲击日常习俗之惰性。这种优秀的建筑作品或具有内置的"思想哲学"，或表达乌托邦式未来憧憬，从而迈进恒在之维（图1-34）。

勒·柯布西耶的朗香教堂、弗兰克·盖里的毕尔巴鄂古根海姆博物馆、安藤忠雄的水御堂、路易斯·康的理查兹医学研究大楼、丹尼尔·里伯斯金的柏林博物馆等，这种以建筑的革命性、颠覆性推动建筑艺术前行的宏大使命感与荣耀感，这种"处于伟大的尼采式求索的阳光之下"（福柯语）的思考，使我们的建筑师承载了过多重负。

我们的社会需要勒·柯布西耶、路易斯·康、密斯·凡·德·罗这样脱"俗"的巨擘和大师，以建筑艺术的革命性和批判性带动整个社会艺术观念的前行，然而如果每个建筑师都像他们一样，我们的社会必然陷入艺术批判性的混乱之中。在当代高速发展中的中国，不应排斥实用主义精神，我们应欢呼大量的西萨·佩里、贝聿铭、菲利浦·约翰逊式的大师，他们"坚持以最大限度地满足当代人的需要为创作的主导目标"（《西萨·佩里》传）。贝聿铭"儒雅"的微笑为他的设计赢得了无数赞誉，埃森曼式的哲学癖或安藤忠雄的禅意，一种恒在感，对中国建筑师有如一股清风，然而相对于当下中国世俗的沸腾生活以及大规模、快速的建造运动，终究只是遥远的灵域之音。

自在，作为一种哲学，是当代中国建筑师应具有的一种创作状态。如果说，尼采的

图 1-35　株洲神农太阳城

图 1-36　株洲神农坛

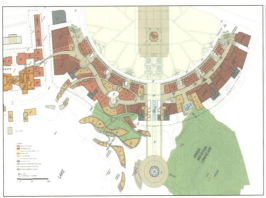
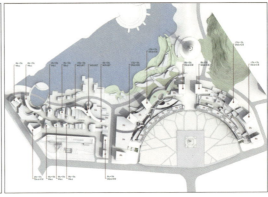
图 1-37　株洲神农城核心区城市设计平面图

图 1-38　株洲市神农城核心区城市设计

"上帝死了"代表传统思想的终结，20世纪下半叶福柯的"人的死亡"则表达现代思想的终结，作为权力、自大的人也接着走下神坛，人开始按人的本性生活。自在，可使建筑师既游离出现在的洪流，又可超然于恒在的象牙塔。远离时尚和流派的纷扰，以及眼前的功利之需——这些现在的旋涡，同时又卸下沉重的使命感与荣耀感——这些恒在的负累，建筑师以一种平常心、安闲的自主状态进入创作，在当下中国是值得提倡的创作状态（图1-35—图1-38）。

自在，作为一种建筑性格，体现出一种有格调的物质存在、一种物化的生存质量。自在的建筑是游离于"权力意志"之外的，它无意于表达"宏大叙事"，也无意于紧张对峙的空间震撼和内省自问的空间玄学，而是一种轻松自在、自得的建筑空间和形态，是一种"平平淡淡才是真"的建筑品格。

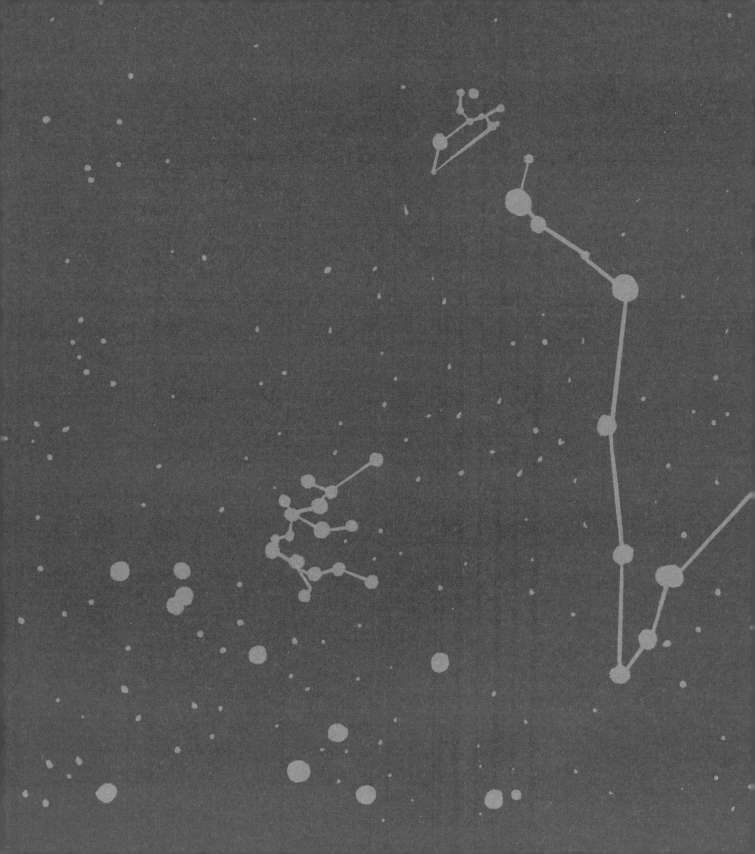

APOCALYPSE OF NATURE
自然启示录

『快』语　　ABOUT FAST

『新』说　　ABOUT FRESHNESS

论『变』　　ABOUT ALTERATION

突『围』　　WALL BREAKOUT

江河　　　RIVER

论活力　　　ABOUT VITALITY

"快"语
About Fast

达尔文告诉我们：人从何处来。而谁能告诉我们：人往何处去（图2-1）？

物竞天择，适者生存，进化的力量擎起20世纪的辉煌；新世纪人类更高歌猛进，中国在为这场速度之役领跑。

在中国，GDP提速、火车提速、城市建设提速！中国城市呈现出鲜明的"速度"特征——速度是我们时代的脉搏，是对成功的追求，是对效率、财富的渴望（图2-2）！

现代人体验到前所未有的速度状态！

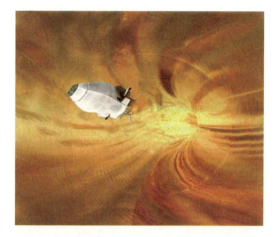

图2-1 广义相对论

城市体验变成一种脱离于身体的唯视觉抽象活动，人与城市空间的关系变得越来越疏离！我们往往只记得那些符号化形象，我们对细部的感受力日渐钝化……

各大城市"跳跃式"地进入全球经济，快速的建造，雷姆·库哈斯由此谈道：中国建筑师在最短的时间，以最少的设计费做着最大的工程，其数量是美国建筑师的1/10，每个人在1/5时间内做5倍的项目，获得1/10的设计费，这意味着中国建筑师是美国建筑师效率的2500倍。

忽视城市内在的复杂性与自然生长过程，更加剧了城市断裂，产生城市碎片！

快速化生活使城市在奔跑，成为物欲名利场！人则成为梦想或者说欲望的化身，成为悬挂在自己编织的网中的动物！自身转变成消费机器，唯一目标就是拥有更多、使用更多，人成为物品的奴仆！人过的是占有（To have）而不是存在（To be）的生活方式！

30多年前，"罗马俱乐部"警示我们：人类已面临增长极限的危险，一旦达到极限，增长的马达突然停止，人类的末日就将来临（图2-3）！

2008年春节前的一场暴风雪凸显出文明在大自然面前的脆弱（图2-4）！现代都市依赖技术和速度而生存！

当我们把速度托给机器时，身体已置之度外；我们屈服于市场、功名、舆论、"常识"这些无形的权力，

图2-2 高架桥

中国城市呈现出鲜明的"速度"特征——速度是我们时代的脉搏，是对成功的追求，是对效率、财富的渴望！

图2-3 世界水日图标

城市的最后一滴水将是人的泪

图2-4 当汽车被冻结

2008年春节前的一场暴风雪凸显出文明在大自然面前的脆弱

同时也屈服于机器的权力（图 2-5）。

反思与批判"现代性"，发现一种奇特的情绪：我们享受着文明，同时也怀念传统——一场提倡"慢"的革命正在兴起，人们希望脚步慢下来。约翰·列侬曾说，当我们正在为生活疲于奔命的时候，生活已经离我们而去（图 2-6）。

图 2-5　机器时代

刘易斯·芒福德在《城市发展史——起源、演变和前景》中说："现代人除了做一些机器至今尚未掌握的辅助性工作外，对机器集体取代人类生活毫无有效的防御办法，这个机器集体，即使在今天，仍然准备着要把所有真实的人类生活变成是多余的。"

图 2-6 浒溪草堂图 文徵明 明朝

介于离乡与归乡之间的现代性，特别是现代城市生活，被理解为离乡背井、四处流浪和无家可归。

一花一世界，一叶一菩提；行到水穷处，坐看云起时……这种慢生活图景，是现代社会尚未消化的历史残留？抑或相反——是永驻内心的精神根系（图2-7）？

农业文明时代怡然自得，不焦不躁的人生姿态也形成了与自然节拍彼此协调的生活速度！如今这种古老的农耕文化被炮舰轰得支离破碎，那些有价值的人生姿态还来不及清理就被掩埋在废墟中……

人有属于自己的节奏，节奏源自于心的脉动！——心说：别走得太快，等等灵魂！

慢，是罗曼蒂克！是吟唱，是诗歌，是高山流

图 2-7 一花一世界，一叶一菩提；行到水穷处，坐看云起时……这种慢生活图景，是现代社会尚未消化的历史残留？抑或相反——是永驻内心的精神根系？

水的音乐。慢，是闲适、禅意！采菊东篱下，悠然见南山！

慢，是细节，是千百年铸就的精神圣殿！是质感！是经由无数事件打磨形成的城市肌理！

慢，是心中有"上帝"，是一种敬畏！慢，呈现精神性，它产生精神贵族！

我们渴望快，因为有欲望，有梦想，我们行进，我们征服大地！

我们渴望慢，因为我们需要有亘古属于人的节奏！我们需要仰望星空！

夸父的日就在我们头顶，光辉诱人，我们总想揽之入怀——但是，要记住：夸父追日，触摸到太阳，融化了自己（图2-8）！

图 2-8　夸父追日

我们奔向光辉的乌托邦图景，但是，要记住：夸父追日，触摸到太阳，融化了自己

"新"说
ABOUT FRESHNESS

辞旧迎新，总让人喜气！

破旧立新，更是我们的传统。《阿房宫赋》: 楚人一炬，可怜焦土——新王朝将前朝旧城付之一炬，"总把新桃换旧符"，破四旧、革新、革命——都是为"新"（图2-9）。

"新"——总让人宠，新娘、新人、新生儿。

当代中国城市追逐的是"新"……

狂飙突进的城市化妆运动，多数城市迅速完成了对自身的"颠覆"，呈现出青春期的症候，有的是荷尔蒙！

对汽车的崇拜，正建构出新的城市空间结构；对网络的依赖，正在解构我们依靠边界和围栏构造的世界；建筑的布景化，正使城市成为喧嚣的

图2-9 美国《时代周刊》封面
China's New Dreamscape（中国的新梦境）
The world most visionary architects are transforming the Middle Kingdom in the greatest building boom ever（世界上最具幻想力的建筑师正改变着中国的形象）

舞台。我们的大都市正迅速"雄性化",我们将物质、能量、运动与变化捧为"神明"(图2-10)。对现代城市图腾的向往,幻化成革命的野心,穿越时空,正在魔法般地变成现实!

而这"新",真是我们的"欲"?我们要什么?我们是什么?

其实人是一种奇特的矛盾体!我们既喜"新",也怀"旧"。

都市怀旧,是信息时代社会结构重大调整波及社会心理的投影;是对城市经验和记忆的整理——它同时塑造着我们对于城市的新认知。

城市像一个古人和今人共同生活过的大营地,许多元素遗留下来,每个时期的人造环境层层垒叠,构成了城市厚重的不同时期的考古断面,正是凭借着对传统价值的执着,昨日的社会以及社会化进程中相继出现的各个时期才得以存续至今。

怀旧是一种乌托邦精神情结。

美国黑人寻"根"的故事,曾在当代社会引起共鸣,有一首《把根留住》的歌曲,多年一直在传唱,对"根"的眷念,折射出现代人怀旧的心结。

"旧"是大地;"新"是阳光。

"旧"使人安稳;"新"使人兴奋。

新旧结合,可生成新的城市文脉,延续

图2-10 我们的大都市正迅速"雄性化",我们将物质、能量、运动与变化捧为"神明"

图2-11 日本啤酒厂改造的惠比寿花园广场
"旧城更新"是一种新旧结合,既为旧城带来新活力,又保存旧城重要的历史信息

历史形态，从而把历史形态融入新的城市形态。

"旧城更新"是一种新旧结合，既为旧城带来新活力，又保存旧城重要的历史信息（图 2-11）。

"再生建筑"也是一种新旧结合，赋予旧建筑以新生命（图 2-12）。

新旧结合，是一种共生，是不同个体形态在一定城市场所下相互依存。

新旧共生之所以可能，缘于承认在不同文化、不同的要求之间以及在二元对立的两个极端之间的神圣领域！这种神圣领域包括过去、现在和未来的关系，以及人类、技术、自然的关系，城市形态在这些多变而复杂的关系中生长出丰富性。

没有"旧"，人类将无所归依；

没有"新"，人类会失去动力。

"旧"是过去的"新"，"新"是未来的"旧"（图 2-13）。

从"道"——没有"旧"，无所谓"新"。

从"人"——新旧共生，生命情境而已！

图 2-12 上海老厂房改造的多媒体创意产业中心
"再生建筑"也是一种新旧结合，赋予旧建筑以新生命

图 2-13 清明上河图局部

论"变"
About Alteration

城，因人而生，因人而变。

一部城市史，就是一部"变"史（图2-14）！

古罗马斗兽场混杂了野蛮与文明的双重气息，埃菲尔铁塔以其突破性的结构和美学成为现代巴黎的标志（图2-15），城市之变是每个时代的表情，体现着当时最直接的欲望和最基本的生活心态。

我们正在抵达一个转折点：

人类第一次在建造城市的技术上几乎没有限制——我们可以营造出任何城市，只要知道自己想要什么（图2-16）！

科技已成为决定性力量！

图2-14 站在美国前世贸大厦俯视纽约，一部城市史，就是一部"变"史！

它决定城市的形式，指出城市发展的方向——

变"大"，城市在蔓延；

变"快"，现代城市呈现出前所未有的"速度"；

变"高"，我们正在进入面向天空的群居时代（图2-17）！

"变"是矢量，应该有指向性。

当代城市，无论处于早春时期的生态文明，或是残秋阶段的工业文明，都不能战胜对手，控制全局——未来城市应呈现一种"天、地、人、神"共存的生态文明！

纵向观察，城市在巨"变"（图2-18）。

横向审视，城市在趋"同"——"高速公路+立交桥+高楼大厦+霓虹灯+广告+广场"——一种"通属城市"（Generic City）现象：当代城市只要改变一下组合元素，就似乎可以从一个城市转移到另一个城市。这种城市是为抽象的"人类"而不是为具体的"人"设计；这种城市没有思想，没有历史文脉和场所精神——城市缺失精神性，缺失"魂"！

身体是人的本性，

灵魂是人的理性。

图2-15 埃菲尔铁塔以其突破性的结构和美学成为现代巴黎的标志

图2-16 我们可以营造出任何城市，只要知道自己想要什么！

我们在城市之"壳"内,应铸造城市之"魂"。

西方历代文明兴衰更迭,隐现出一条沿时间长轴波动发展的正弦波线,每一升降周期代表历时千年或百年不等的一代文明;新旧两代文明交替常常呈现出相叠的交织状态。

图2-17 科技已成为决定性力量。城市在变"大"、变"快"、变"高"——我们正在进入面向天空的群居时代!

歌德曾写道:"形式,在形成和消逝的过程中,是一种处于运动中的事物。有关形式的研究实际上就是有关转化的研究。对变化的研究是知晓一切自然现象的关键。"他提出了事物增长、变化和转变,也就是演化的概念,这有助于我们对当代城市变化的理解。

随着数字世界的出现,现在许多支撑城市功能的特征已不再具有实体形态。事实上,在世界从以原子为基础转向以比特为基础的过程中,当代城市形式已明显不同于由物理主义主导的传统城市。

图2-18 纵向观察,城市在巨"变"

技术正在改写人们对"美"的定义。"美"可能已经不再是李泽厚所概括的"包含着社会发展的本质、规律和理想而有着具体可感形态的现实生活现象",而是被赋予了越来越多的技术化指标,比如是否可以快速传递信息?是否可以精准描述数据?如果用一种硬件或软件可以更便捷地做到这些事,那么它们就是美的。依托技术开发出来的产品更是不断刷新以往我们关于美的定义。

最初城市是神灵的家园,不断演变,最后城市本身变成了改造人类的主要场所。

城市不仅是居住、工作、休闲的地方,更应是新文化的孕育所——这种文化生态,应恒定"不变"!

图 2-19 变,一种追寻!不变,一种守望!

"变"是文明的进化,是乌托邦的梦想,是城市发展的驱动力!

"不变"是文化的坚守,是差异化的追求,它生长出城市的恒久价值!

变,是一种追寻!

不变,是一种守望(图 2-19)!

突"围"
Wall Breakout

福柯认为：中国是横陈在永恒天空下面一种沟渠堤坝的文明，宽广而凝固；四周都是城墙（图2-20）。

中国古代城市是一种"墙套墙"的型制，"墙"既成为建筑单体的起始点，也成为城市乃至国家形态的最终表征。中华人民共和国成立以来，单位（社团）成为城市社会的基本细胞，大院是单位用地的围墙，它是单位在外观上存在的标志，所以也可称单位为大院，它将城市用地切割成一个个小块，它们在形式上一直延续着"围墙"的传统。

当下的中国正在全面进入以"大"和"速度"为特征的城市化运动，我们发现那种

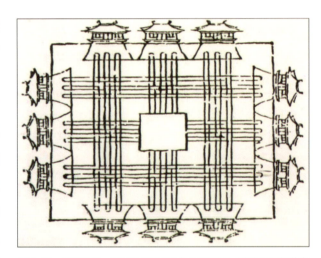

图2-20 福柯认为：中国是横陈在永恒天空下面一种沟渠堤坝的文明，宽广而凝固；四周都是城墙

源于代代相传的"居中之国""邻国相望,鸡犬之声相闻,民至老死,不相往来"的内向意念仍然深深影响着我们的思维和行为方式(图2-21)。"自我封闭中心"在新城中依然随处可见。同时由于长期行为积淀所形成的行为惯性以及组织与制度变迁过程中的思维惰性,使得改革开放前的单位组织价值观念和行为规范依然以"大院"的形式出现(图2-22)。

通过观察由城市空间的私有化、治安维护、管理所引起的"集中化社会和空间控制"现象,当代大都市中充满了各种不同的保护与隔离空间以及面对日常生活中的危险希望受到保护的渴望。借鉴福柯的说法,当代大都市是"监禁城"的集合——一个"规范化封闭体"的群岛和被包围的空间,它有意和无意地把个人和团体阻隔在一个个可见或不可见的城市孤岛上,并受到公共和私人权力或权威的监督。当代城市呈现出一种"地方性恐慌生态"。

豪华生活格调的捍卫被不断演绎成对技术安全系统的迷恋,以及对从建筑上控制社会边界线的迷恋,成为20世纪90年代对正在崛起中的建成环境的主导性叙述,成为都市重构的主流。

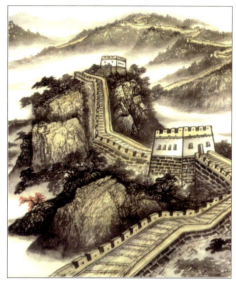

图2-21 那种源于代代相传的"居中之国""邻国相望,鸡犬之声相闻,民至老死,不相往来"的内向意念仍然深深影响着我们的思维和行为方式

图2-22 中国城市公共空间边界"墙化"现象

"安全"成了一种地位上的好处,由收入水平决定能否获取"保护性服务",并只有在一些被包围的领土上才有享用的资格——作为名望的标志,有时也作为小康水平与"真正的富裕"之间的决定性分界线。

新的"围墙"城市,是一种现实都市活动的反映,门禁社区是指限制进入的、把正常公共空间私有化的住宅区。它是指定范围内出于安全考虑而发展起来的区域,通常有墙或篱。对安全的需求已成为影响当代大都市形态的重要因素。

另外,由于过于关注可见的建筑形式以及规划的种种限制(如分区的限制、后退红线的规定等),在现代城市空间中,一些珍贵的东西如城市公共空间的"公共性"正在消蚀。一些与公共性毫无关系的城市空间加速了丰富多彩的社会生活的泯灭。这种现代主义城市的功能纯化和分化观念进一步造成当代城市的"墙化"现象。

克里斯托弗·亚历山大认为"每座建筑在其附近都必须创建既有机联系又优美典雅的公共场所。"而当今中国城市,人们往往把建筑物而不是空间作为关注的焦点。将建筑物之外的空间作为可有可无的负空间,是当代中国城市缺少活力的主要原因:只重视建筑物围合的以及围墙内的空间,忽视城市公共生活空间。

反思中国当代城市"墙"化现象,公共生活空间缺失问题,应该结合国内外城市公共生活空间理论与实践的发展趋势,审视我国城市建设中快速发展、功能面临结构性重组的形势,摸索总结适合我国国情的"公共生活空间"营建理论。

公共领域不会因为共享一个城市中心空间而发展,而是因为城市居民的不同群体同时发现这个领域具有十足吸引力而被组织起来!

以"公共生活空间"为取向的城市是从城市环境与实际生活的互动出发,以营造城市公共生活为核心,结合社会经济发展,不断发育出宜人的公共空间(图2-23)。将"墙"化的缺乏活力和内涵的负空间转变为生机勃勃、涵义丰富的城市公共生活空间。好的公共生活空间应做到既能适应社会生活的千变万化,又能保持一种超乎寻常的恒久属性即向市民传达永久的和共同的精神感受;既要对各种形式的普通生活予以极大关注,又要对社会的发展进步保持高度敏感。

总之,公共生活空间的营建应从关注市民日常生活出发,既要表达多元化的具体要求,又要体现那些超验的共同认识。将城市

图 2-23 营造城市公共生活为核心,结合社会经济发展,不断发育出宜人的公共空间

生活的管理与社会稳定的维护从硬性的强制与围栏方式向更为软性的意识形态操控和重塑城市想象这一方式转换。营建公共生活空间的努力必须依赖于动员市民参与以及唤醒人们从属于城市的意识。只有城市社会公共性意识的觉醒,才能使当代中国城市突"围",真正走向公共生活空间。

江 河
RIVER

两千年前,古人用水滋润干燥的人类环境,使之适宜居住。

两千年后,水浪费和水污染将现代人重新置于"水之战"。

两千年来未曾满足的"渴"凝聚成一段水、权力与文明的发展历程。[1]

——《水如何塑造文明?》

图 2-24　滨水地区成为城市公共活动集中的核心区域

人类文明缘起于江河。第一缕曙光出现在古埃及,主要是因为那里有丰富的水资源,古埃及占据了尼罗河三角洲和尼罗河下游河谷的狭长地带。底格里斯河和幼发拉底河形成的两河流域孕育出古巴比伦文明,印度河与恒河孕育出印度文明。这些河流为人类提供了最基础的农业灌溉用水和最直接的个人需求,同时还提供了运输通道。

黄河和长江流域是中华文明的摇篮。我们的祖先充分利用了世界上最伟大的水道——长江及其支流,将这些江河作为商贸往来的天然通道。卓有成效地利用水道在中国人心中根深蒂固,运河和漕运成为当时重要的社会经济内容,甚至现在我们仍然把河流称为"水路"。自古以来,中国就是一个独特的江河之乡,"江湖"成为中国地理环境的代称。

城市中没有任何一个地方能够像城市的边界——滨水区一样,将大小街巷、东西南北的人们聚集在一起,共享着一个主题。随着当代世界从工业化时期单纯追求经济效益的价值观向后工业化时期可持续发展观的转变,随着人本的价值回归,人们从背离江河到走向江河。城市滨水区成为当代城市公共活动集中的核心区域(图2-24)。

城市最长公共客厅

跨河城市的滨水区域往往是这个城市最大的开放空间,也是这个城市最长的公共客厅。城市里的人们往往会在傍晚将滨水风光带作为他们夜间休闲健身等的优先选择。同时,在气候宜人的时节更是将滨水空间作为举家游乐享受城市景致的地方。

21世纪城市滨水区首要的就是公共性。不管从前功能如何,新建或改造的城市滨水区均应尽可能地走向大众化和公共性使用。随着休闲文化时代的到来,人们的生活质量不断提高,将滨水区域打造成充满活力的城市公共客厅成为当务之急。

城市滨水公共客厅追求"异质共生"。城市的滨水空间往往是多功能综合体,承担着所在城市的重要职能,是巨大城市机器中必不可少的部件之一。居住、商业、公共、休闲、博览、商务等不同功能的组

图2-25 美国波士顿滨水区开发

合塑造出不同城市特色鲜明的空间格局,创造出人与滨水空间进行生活交往的都市空间(图 2-25)。

滨水生活场

滨水空间作为城市生活中的魅力场所,是一个充满情致、浪漫、想象的场所——"水"是"诗意"的元素,滨水空间应该致力于营造"催生浪漫"的城市生活场——即城市"情场"。

滨水空间作为城市最大的开放性生活场所及城市形象舞台,营造24小时即"全时性"生活,成为城市繁荣的重要表征(图 2-26)。

通过在滨水空间中设置公共艺术品,可以提升空间文化品质,同时又可丰富公共场所多样性功能。通过滨水公共艺术设施,可以使所有公民都能以平等自主的方式参与并享有公共艺术生活。

图 2-26 巴陵广场大台阶
大台阶给人感观的刺激,延伸至水面,市民可以近距离观赏洞庭湖水,感受岳阳洞庭水文化的独特魅力

亲近江河

滨水岸线作为城市核心生态带：滨水岸线是城市绿肺的核心，可参与生物群落、微气候调节、水体自净。滨水岸线使城市成为舒适的生活场所，是生活在都市里的人与自然对话的纽带。

当代城市滨水区建设应关注其原生态元素，将沿岸的广场、绿地、桥梁及林荫道连接成整体，使其重新成为城市中最具生态性的场所。

岸线与水体的互渗：消落带的景观营造（图2-27）。

消落带（Riparian Zone）是指河流、湖泊、水库中由于季节性水位涨落，而使被水淹没的土地周期性露出水面，成为陆地的一段特殊区域，属于湿地范畴。

根据水位变化，可将滨水区域划分为多个位于不同标高范围内的带状空间，加强岸线与水体的互渗。

低水位时期滩涂位于水位之上，滨水景观全部展现，宜采取自然生态驳岸，减少基于水体涨落的驳岸对生态环境的影响。

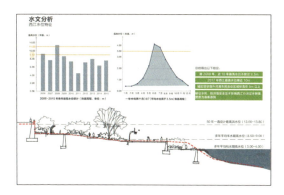

图2-27 肇庆滨江潮汐消落带剖面分析

图2-28 肇庆滨江湿地公园

图2-29 钓鱼台——肇庆滨江风光带景观工程

随着水位上涨部分区域被淹没，滨水空间发生变化，中间层的岸线可采取人工与自然相结合的处理方式，比如木栈道、块石驳岸等，塑造多样的滨水体验（图2-28）。

亲水平台（图2-29）：

亲水平台由古典园林中"榭"的概念发展而来，是城市亲水游憩驳岸的典型形式之一，能够加强水陆空间的相互渗透，形成人们近距离感知或接触水体的空间区域，亲水平台越来越倾向于时尚简约化的风格。

亲水台阶是城市驳岸常见的亲水硬质景观，可以随地形灵活多变，借助踏步层层接近或没入水中，使用者可以在台阶的终端轻松接触水体。

滨水纵贯活力道

滨水活力道是滨水景观空间中纵贯始终的核心联络道，一般有4米宽，可以作为市民们的日常健身步道，还可以作为消防应急及游览通道。它也是夜间一条具有公共性的安全通道，对于提升滨水景观带的活力及市民的参与性具有重要作用。

滨水活力道可以作为景观观赏的纽带，它可以将散点式、片段的景观及活动空间加以有效串接，作为主动脉串连各景区（图2-30）。

滨水步道结合各景观分布将滨水活动

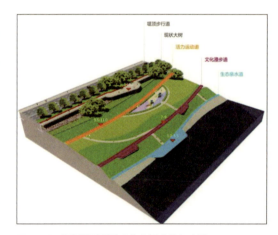

图2-30 根据地形现状建立多层次休闲步道

图2-31 滨水活力慢行道——肇庆滨江风光带景观工程

像毛细血管一样渗透到每一个局部。通过设置一条或若干条观赏路线，使游人在这些路线上看到的风景犹如一幅连续的画面，不断呈现于眼前。这些滨水步道的设置并不只是简单地用栈道和小游路把各个景区相连，而应该结合景观序列的序曲、转折、高潮、尾声精心安排（图2-31、图2-32）。

图2-32 株洲湘江风光带实景图

每个城市的河流都是母亲之河，城市在其哺育之下成长。每个城市在其独有的地理特征和人文底蕴之中，会形成具有地域性特点的滨水空间。当代城市滨水空间作为独特的区位，应呈现出城市最长公共客厅的气象，并成为城市生活中最具魅力的场所。

论活力
ABOUT VITALITY

城市·生命体

埃罗·沙里宁指出:"城镇建设——利用城市设计的过程,是要使城市社区得到有机的秩序,并且在这些社区发展时使有机秩序保持其生机,这种过程基本上同自然界任何活的有机体的生长过程相似。那么,我们完全可以依照一般的有机生命的原则进行研究。"

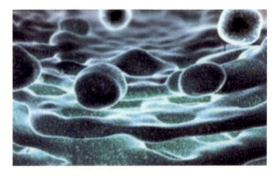

图 2-33　人体组织微观形态

沙里宁将城市视为类同于植物的有机体,而城市作为人的生活场以及人的聚落,应该更具有趋同于人的生命体的特质(图 2-33)。

虽然城市作为生命体有非常具体的规则,但系统完整地理解和描述这种不断出现的有机体的生活、发展和结构形态的内在法则的能力仍然极其有限。目前,我们仅可对城市作为生命体的某些显性特征作一些归纳。

新陈代谢节奏

城市作为一个进行物质和能量交换的开放系统，保持类生命的机体结构。随着城市功能的不断复杂化，城市对物质和能量的交换速度和效率不断提高，这是一种生命过程的表现、一种新陈代谢特征。

帕特里克·格迪斯（Patrick Geddes）指出："城市的演变不是表现在一栋建筑上，而是反映在城市境况的多层次沉积以及无数生活迹象的不断变化之中，有的看上去简单，有的复杂，几乎天天都在变化。"

城市新陈代谢的节奏是由1天24小时、星期和季节这三种节奏构成的。它们分为"外因性节奏"和"内因性节奏"，所谓"外因性节奏"是指由外环境规制的节奏；而内因性节奏则是生命体内本质上存在着的节奏。

人类昼夜节奏属于内因性节奏，以人类24小时节奏作为基准的城市结构，是城市作为生命体的基本节奏。

而像星期节奏、月节奏、年节奏这样的节奏，因其是来自历史习惯的社会规则，属于"外因性节奏"。法国社会学家卡伍雅克在划分一代人时，以"经历过某事件仍然活着的人数，相对该事件发生后出生的人的数量超过半数时，所需要经过的时间为基准"，提出了所谓30年节奏的观点。

人类的生活形态有几个关键点，那就是25岁、60岁、85岁。从这些关键点出发，针对这种生理上的节奏，黑川纪章将"25—30年作为基本生活空间（居住空间等）的新陈代谢节奏"。

秋天树叶枯萎脱落，春天发出新芽。城市结构就像树木那样有不断变化和替代的部分以及耐用年限相当长的部分。如城市设施（给水排水、电气、煤气、管道设施等）、机动车道在相对较短的循环内被更换，而生活空间、散步道则拥有较长的寿命。在城市新陈代谢的节奏中,存在着这样一种结构性节奏。

有机组织形式

众所周知,人在出生时,体内就有另外千百万个生命以各种方式潜入人体,称为病毒或细菌。它们有的帮助人体肠道消化,有的给人体带来疾病。既有对人体有害的细菌,也有对人体有益的细菌,生物在与众多其他生命的共生中获得生存。

J.D. 帕纳勒认为:为了将新陈代谢的循环统合为一个有机体,还必须要有将它们联系起来的连接键。"生物系统的物质表面就是一种机械骨架的连接器件。它的特殊功能就是经营能量的交换,由酶素促进的能量的转变形成新陈代谢"。

比如,人类"步行"的节奏借助于汽车而转向"奔跑"的速度。为了适应这一变化,城市停车场和交通干道等设施已变得不可缺少,这些设施就是连接键。而人们的节日集会,使公共广场成为必须,这种广场也是一种连接键,在城市结构中,包含着人类社会的各种信息与能量通过连接键转递。

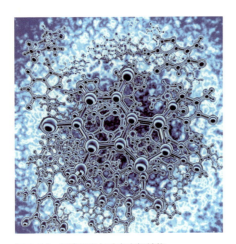 

图 2-34　细胞组织与城市空间结构

城市作为人的聚集，是生命体的一种聚集形式，具有生命体的有机组织形式（图2-34）。城市的各个部分之间彼此关联，通过形成有机组织，展现出生命体的特质。

城市·活力

"活力"是一个新词，在古汉语中并没有这个词，在《当代汉语新词词典》（中国大百科全书出版社出版）中"活力"一词：①指旺盛的生命力；②借指事物得以生存、发展的能力。活力对应的英文为 Vigor、Vitality、Energy。

"活力"一词来源于生物学、生态学概念，意指生命体维持生存、发展的能力，其引申含义较为抽象，在表述上针对具体事物而有不同的表征差异性。

凯文·林奇的城市"活力"

凯文·林奇认为好的城市形态应包括："活力与多样性（包括生物与生态）等一系列要素"（图2-35）。在其著作《好的城市形态》（*Good City Form*）一书中，他将检验城市空间形态质量的五个基本指标概括为：活力、感受、适宜、可及性、管理。凯文·林奇将"活力"作为评价城市空间形态质量的首要指标，认为"活力"是"一个聚落形态对于生命机能、生态要求和人类能力的支持程度，而最重要的是，如何保护物种的延续。这是一个人类学的标准"。

在凯文·林奇的城市形态中，体现生存活力的主要内容是：

A. 延续性：对于空气、水、食物能源、废弃物的适当生产和处理。

B. 安全性：对环境中有毒物质、疾病、灾害的

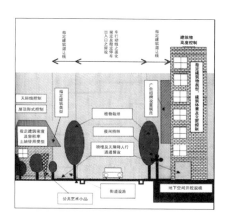

图2-35 都市设计准则项目示意图

防止。

C. 和谐性：环境和人类需求的温度、生理节奏、感受、人体功能等相互协调的程度。

D. 健康性：保证与人类息息相关的其他生物物种的健康并维持其多样化，以及现在与未来整个生态系统的稳定。

伊恩·本特利的城市"活力"

在《建筑环境共鸣设计》(伊恩·本特利等著)中，"活力"一词被表述为"影响着一个既定场所，容纳不同功能的多样化程度之特性"(图2-36)。"能够适应多种不同用途的场所提供给使用者的选择机会比那些只限制他们于单一固定功能的场所要多。能够提供这种选择机会的环境具有一种我们称为活力的特性"。

图2-36 具有活力的场所
在《建筑环境共鸣设计》中，"活力"一词被表述为：影响着一个既定场所，容纳不同功能的多样化程度之特性

简·雅各布斯的城市"活力"

简·雅各布斯在《美国大城市的死与生》一书中，从城市街道入手进行研究，认为正是人与人活动及生活场所相互交织的过程，以及这种城市生活的多样性，才使城市获得了活力(图2-37)。

图2-37 欧洲某城市商业街
充满日常生活的街道是城市获得活力的主要方式

城市"活力"

城市活力即城市旺盛的生命力，即城市提供市民人性化生存的能力。笔者将活力译为"Vitality"，是从生命状态向度所进行的描述，是对生命体的一种概括。

首先，作为生命体是城市应该具有活力的前提。城市作为生命体，就是将城市作为人类活动的形式，模拟生命的机制。城市的有机状态是城市具有旺盛生命力的基础，活力是针对生命体所特有的新陈代谢节奏、有机组织形式等的旺盛程度的一种描述。

城市的本质是人的聚集，因聚集产生交往与交易的需要，因而有了市与市井生活；这些都是产生活力的动因，而正因为城市是人的聚集而具有了生命体特征，城市是否是生命体是城市是否应该具有活力的前提；因为城市只有作为生命体，才谈得上城市生命力的旺盛程度，对一个纯粹物质的城市聚集体则没有谈论活力的前提。

其次，城市生活是城市活力的基础。城市生活是城市活力研究的基础，而城市生活本身具有活跃和蓬勃发展的力量。

亨利·列斐伏尔曾经说过，"我们无法抓住人的真实。我们看不到他们就在卑微、熟悉、日常的事物中。我们对人的找寻把我们带得太远、太深。我们在云端寻找，我们在神秘中寻找，其实它就在那儿等着我们，从四面八方将我们包围"。正是这种日常生活可知可感的细枝末节，对每一个生活在城市中的人具有非同寻常的意义（图2-38）。列斐伏尔的日常生活视野是城市活力营造的切入点；正是日常生活所具有的创造性、日常生活的丰富性产生了城市活力。只有直面城市日常生活，我们才能营造出为人而不是为物的具有活力的城市。城市生活包括经济生活、社会生活、文化生活。

图2-38　能够提供多种活动的公共空间

图2-39　长沙市天英城综合体鸟瞰

再次，城市不断发展是城市旺盛生命力可持续的保证。因为旺盛的生命力既是对城市状态的描述，更是对城市过程的概括，城市只有在不断发展的状态中才可保持持续旺盛的生命力。人类社会发展的强大活力是决定城市形式的关键因素。

当代中国城市活力营造研究应关注的四个特性：

当前我国城市活力研究正开展得如火如荼，有许多新成果，但多聚焦于街道、环境行为分析等，缺乏对城市活力学理的宏阔追问，缺乏对活力内涵、范畴的多元拓展，缺乏对活力特质的特殊应对。针对当代中国城市活力研究的瓶颈，笔者认为以下四个方面值得重点关注。

（1）活力内涵应强调异质性

城市活力研究的内涵应具有异质性。城市之生命，在杂；杂即混杂，即交叉、渗透、多样；杂是异质体，美好城市呈现的就是异质共生的纷繁景象。多元的、对立的要素于同一时空中可以并置，强调的是活力的碰撞和释放。活力异质性流动的主体是人，不同年龄段的人的精神气质、行为习性、对新技术和新形态的感应等都是截然不同的，不能用50后、60后的行为习惯和思维方式衡量80后、90后和00后。活力研究应面对不同的人群，关注其不同的日常生活形态。对应于内涵的异质性，城市活力研究的主体也应具有异质性。活力研究的开展不应局限在规划、建筑等专业圈子里，而应当跨界、跨专业，应有社会学者、雕塑艺术家、景观师、历史学家、城市管理者、策划师、新技术人士、经济学家等异质性研究主体的多向度参与。这样的活力研究才真正具有源头活水。

（2）活力特征应突出地方性（图2-39）

活力不仅要体现"此时"，更要体现"此地"，公共空间活力应呈现出鲜明的地方性。这种活力地方性要从几个方面体现：一是地方气候，这一点十分重要，是南方还是北方，是寒冷还是炎热，是干旱还是潮湿，不同气候对公共空间活动的影响不同；二是地方文化，涉及地方建筑形态特征、色彩喜好、历史故事与城市演进，这是基于活力的公共空间形态特征形成的主要来源;三是地方人群,在公共场所中活动的人,不同地方的人对聚集和分散的爱好程度往往是不同的,对聚集的密度需求也是相异的,大、小城市之间的人群习惯也各有差异,公共场所中人的这种地方性特质是活力呈现的源头。

(3)活力方案应具有可塑性

城市空间是不断演进和变化的。不同于城市规划偏重二维形态,城市设计是关于三维空间形态的,其本身具有更多变量要素并且更为具体、更为形态化。在涉及具有混沌性的城市活力营造时,必须留足弹性,关乎公共空间活力的设计方案不应是单一的、固化的,而应能根据不同的变量要素进行演进和组合,从而形成若干种趋势性的方案,既有同时性的不同形态的方案,又有历时性的演进方案。这种建构公共空间活力的同时性、历时性方案呈现的空间可塑性,体现了活力研究的独特科学性。

(4)活力营造应注重全程性

城市活力的营造应当关注其全生命周期,不是局限于单一的设计层面,而应当从设计、建造、使用和运营管理展开全过程的研究。在中国特色的政治制度下,城市活力营造自身有着独特的烙印,项目立项、审批、建设和运营管理都迥异于西方国家,对这些过程的切入、融入至关重要;尤其应注重后续过程的研究,使用和运营管理对于保持可持续的城市活力都是不可或缺的。这种全周期的全程性是城市公共空间活力营造有别于其他研究的重要特征。

城市具有开放性和混沌性,城市活力概念本身也具有类似的开放性和混沌性,是一种难以量化的特征。对于城市活力的描述和研究很可能费力不讨好,这是一个开放性的课题,并且城市活力还存在地域性和时代性,激发城市活力的价值取向和方法策略必有差异。活力是具有时间属性的,没有永恒的活力,活力研究是关乎当下的社会行为话题,具有鲜明的当下性,是对当代的科学、技术的回应;而处于当代复杂多元的后城市空间,电子技术正在迅速解构我们对于未来的预见能力。因此,从城市设计向度为城市活力营造构思的框架和策略，也必然是不断演进的。一方面要面对有异于西方的中国政体；另一方面要辨析中国千差万别的地方特质，这使当代中国城市活力的问题诊断和策略提升，不仅要依托"西医"，更要借助"中医"，特别是要找到"针灸点"，以避免药不对症，沦为浅层次的隔靴搔痒或皇帝的新装。

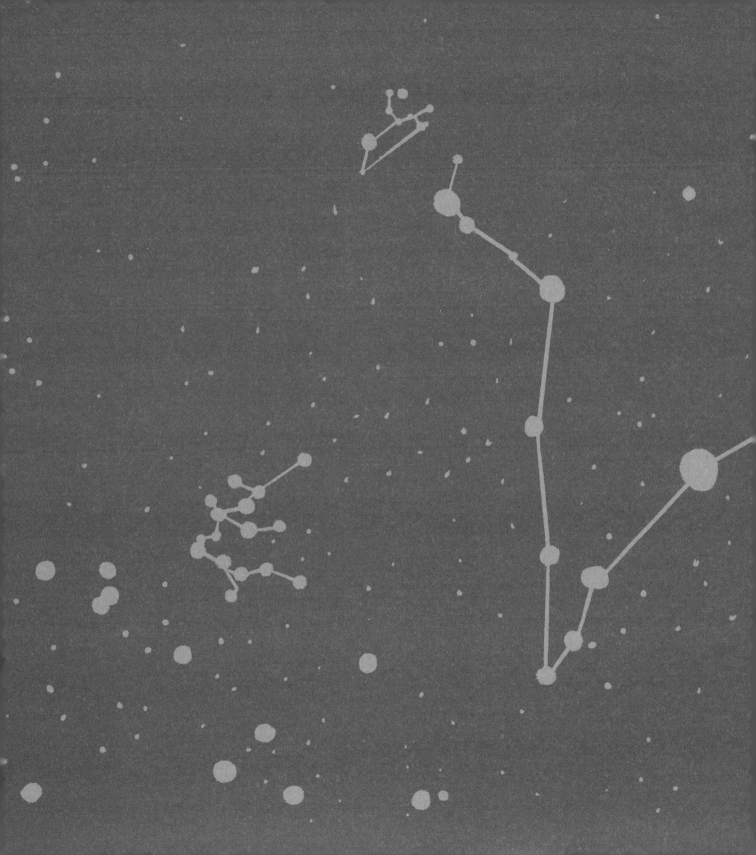

CITY OF KINGS
王之城

论城市的权力本质　　ON THE POWER ESSENCE OF CITY

纪念性与市民性　　FOR COMMEMORATION AND FOR CITIZEN

城『管』的价值　　VALUE OF CITY MANAGEMENT

双尺度城市　　DOUBLE-SCALE CITY

权力空间VS游戏空间　　POWER SPACE VS PLAYNESS SPACE

建构与解构　　CONSTRUCTION AND DESTRUCTION

论城市的权力本质
ON THE POWER ESSENCE OF CITY

刘易斯·芒福德认为,城市是权力与集体文化的最高聚集点。

城市具有某种物质上或象征意义上的形态界限,这个界限将城市性与非城市性结构区分开来。没有"墙"的城市不是城市——即使不存在物质形态上的界限,城市也一定会有某种行政意义上的边界,这是权力和限制得以实施的合法范畴(图3-1)。

在中国古汉语中,"城"是指围绕人群聚落修筑起来的防御性设施。在人类早期的原始聚落周围即出现了土筑、石砌、木栅或沟壕式的"城",以防御野兽侵袭或部落战争。之后又出现了用石墙、城楼、雉堞围绕的更坚固的城墙,主要是保护奴隶主的财产和安全。在城的外围有时还建有同样用于防御作用的

图3-1 手里拿着城市图像的圣吉那诺守护圣徒

"廓"。中国从夏代起就已开始"筑城以卫君,造廓以守民"(图3-2)。

权力释义

"权力",在印欧语系中源于古拉丁语中的Potere,原意为"能够"或具有做某事的能力。由此而派生出的英文Power和法文Lepouroir,也都含有这个意思,侧重于某种能力和力量。

图3-2 筑城以卫君,造廓以守民

在现代生活中,"权力"被引申、扩展为:一个人依据自身的需要,影响乃至支配他人的一种力量(图3-3)。德国社会学家韦伯指出:"我们所理解的权力,就是一个或若干人在社会生活中即使遇到参与活动的其他人的抵制,仍能有机会实现他们自己的意愿。"权力是一种能力,是对他人和资源的支配能力(图3-3)。

波特兰·罗素(Bertrand Russell)在《权力论》中对"权力"给予了全面阐述。权力具有以下特点:

图3-3 权力是一种能力,是对他人和资源的支配能力

权力的社会性。权力是一种社会现象,是人对人的关系,而不是人对物的关系。

权力的非对称性。表现为权力主体的发号施令和权力客体对命令的服从。

权力的强制性。意味着不按权力主体的意愿行事,权力客体就要承担某种后果。

权力的宏观性

权力被认为是一种"必要的恶",具有积极和消极两方面的作用。它既是维持秩序、实现公共政策目标不可缺少的手段;又是谋取不正当利益、实施专制和暴政、发动战争的工具。人们在认识和肯定积极作用的同时,总是力图对其进行必要的规制。这是一种对权力的宏观理解,把权力看作国家的专政工具,看作对社会群体进行"领导、指挥、支配、控制、管理、约束"的手段与形式。

权力的微观性

法国哲学家福柯研究的"权力"所关注的不是宏观的国家权力,而是渗透在社会毛细血管中的局部的、微小的权力形态,即一种"微观权力"。在福柯理论中,权力并不属于任何具体的个人、国家或组织,而是遍布社会各个角落。在某种程度上,我们所有人都被纠缠在这个权力循环中,既是压迫者也是被压迫者。

福柯认为:权力就是各种力量之间的关系,或者说,力量之间的各种关系就是权力的关系。福柯更关注权力的肯定功能、生产功能。

如果社会真的解除对所有群体的控制,那么就没有稳定的社会环境和健康幸福的生活。应该从历史发展的角度看待自由和规训的问题,正是人类的理性不断用规则和秩序要求自己,才使人类完成了由猿到人的转变,才有了国家与城市的日益发展。

关于城市起源的分析,常常将人们带入鸡与蛋的循环论当中。

柏拉图《理想国》中的城市在某种程度上是一个几何学的作品:"城市中心是卫城,并在其周围建起一圈城墙。"在柏拉图看来,完整性和均衡性只存在于整体之中,为了城邦可以不惜牺牲市民生活。柏拉图认为城市是用绝对理性和强制秩序建构起来的!

城市起源于政权和宗教的需要

在复杂的社会、经济、政治变化进程中,很难分辨出导致城市形式产生的那个单一的,自律性的诱发因素。但无论经济、技术或战争怎样引发城市组织的结构性变化,这些结构性变化必须得到当政机器(instrument of authority)的支持,才能获得制度化的持久性。

正是当政机器,成为许多城镇得以产生的推动力量,这里的权力可等同于社会力量。王朝与王权是建造城市的绝对需要(图3-4)!即使对于那些自然形成的城市,其发展的某个重要阶段,领袖人物或大众的愿望也会发生决定性作用。将城市解释为完全的"自然"因素作用的结果,是一种物质决定论,与人类发展的现实不相符合。

图3-4 王朝与王权是建造城市的绝对需要

亚里士多德(Aristotle)说:"人是政治的动物,所以人天生适合生活在城市里。"

在历史上,许多新城的出现预示着一个新时代的开始:就像巴格达之于阿勒曼苏尔,元大都之于忽必烈,凡尔赛之于路易十四:统治者为他的城市规定人口数量,并迫使城中的人在预先设置好的相互关系中生活(图3-5)。

无论早期城市化过程实际情况如何,古代传说都坚持认为城市的创造是由最高层允准并实施的刻意行

图3-5 秦始皇:统治者为他的城市规定人口数量,并迫使城中的人在预先设置好的相互关系中生活

为，是神创造并管理着城市。约瑟夫·里克沃特（Joseph Rykwert）在《城市的理念》（*The Idea of a Town*）中，试图证明古代城市首先应该是象征的模式，是从神话和礼仪中生长出来的。古希腊、罗马时期的许多著名城市就是因其文化的繁荣和巨大的宗教吸引力而发展起来。

当权者往往十分关注城市中的公共建筑物，特别是能代表城市个性的公共地标。早期的集权政府通常会强调建造公共领域中的宫殿和庙宇。

城市作为法律与正义、理解与平等的基地职能，逐渐取代了城市作为宇宙的宗教性体现这种职能。为控诉不合理现象和非法暴力，人们就须向城市中的法律请求保护，城市的演变和发展越来越依赖于法律、秩序的力量保障。

城市特色形成于管制

锡耶纳山城曾被列为"有机规划在美学和工程学上的卓越"例证，其城市形式被认为是在不断填充和巩固自然地形的过程中随机形成的，然而进一步的研究表明：它的城市形式是刻意设计，在中世纪城市中是经过最严格控制的一座城市（图3-6）。为完善和发扬这个城市早期形成的布局特色，其城市议会制定了控制要求：为了锡耶纳的市容和几乎全体城市民众的利益，任何沿公共街道建造的新建筑物……都必须与已有建筑取得一致，它们必须整齐地布置，以实现

图3-6 锡耶纳

城市形式是刻意设计，在中世纪城市中是经过最严格控制的一座城

城市之美。

分析早期的城市形式，我们常常感觉到一种设计有序的环境，沃尔沃·布劳恩菲尔斯在《西欧的城市设计》中认为，城市是以"反映整体的形式和秩序的典范"为目的而进行设计的。

权威的城市规划

城市规划在城市发展中起着控制、引导和保障作用，本质上是一种对利益关系的调节。

城市规划具有一定的政治性，在抽象的城市公共利益标准和规范的指导下，对城市空间发展以及土地使用做出综合性分析判断，对于难以预见和控制的未来城市发展从整体上给予特别关注，并采取措施努力维护未来城市利益。同时，城市规划通过专家的分析判断来估测未来某个时期城市社会经济发展对物质环境的要求，使政府在制定有关政策时能避免盲目性，对资源做出预先安排。

强调技术进步对城市发展的作用，掌握技术的人拥有对城市发展的"控制权"——在解决物质环境问题方面，城市规划拥有一种"与我们时代精神相符合的"空间的"控制权"（图3-7）。

谈到华盛顿规划，其总规划师皮埃尔·朗方认为：未来首都华盛顿作为一个强大帝国的首都，必须

图3-7　华盛顿：权威的城市规划

图3-8　监禁球体的城市——雷姆·库哈斯

图3-9　迪拜——发展的图景

显示出与其实力相匹配的雄伟。

城市规划发布"命令"的权力被改造为权威，需要将权力加以合法化。由现存的政治制度通过颁布法律法规来授权，就是将权力以某种相对稳定程序和形式体现出来。

当代城市强调规划的作用主要是针对"市场失灵"或"市场力不完善"，是为了保障市场能够克服其自发运作过程中所可能带来的破坏性，它实际代表的是"政府力"的作用。

城市规划的权威性在城市营造过程中也会产生出"异化"。在城市规划中每个地块的容积率、密度、高度，这些刚性指标，体现的是一种权力。每个地块都划有红线，每个地块规定退红线多少——如库哈斯描绘的监禁的城市，是一种被容积率、密度、红线、高度等雕琢出来的城市（图3-8）。这些刚性指标体现的是一个个片段化的权力。这种权力在城市发育过程当中，有时起到促使城市肢解的作用，使城市呈现出一种片段化的分离状态。

尽管几乎没有一个城市是完全按照预先规划好的形态发展，而只是沿着自身的规律发展、演变……无论各国城市规划权力制度化的具体进程如何，城市规划实质上已成为政策目标实施的一种手段，成为政府控制和参与城市土地使用的重要机制，成为城市物质环境方面体现政府意图的主要工具。

政府"经营"城市

城市形态发展演化是无意识的自然生长与有意识的人为干预双重力量下共同作用的结果，城市形成以来，人们借助各种手段，使其发展演变尽可能符合人类发展的愿望（图3-9）。早期城市主要受统治者意图的直接控制，现代城市则主要是通过城市规划、政策、法律等加以调控。

随着我国经济向市场经济转变，市场成为配置资源的主体，土地的市场化对土地配置方式和开发强度产生了影响。市场机制按地价引导和安排城市各项功能用地，推动了城市土地利用结构向优化和高效率转化。

市场机制成为城市土地资源配置的主要手段，但其本身也有缺陷，具有自发性、盲目性和滞后性等特点，完全被市场机制所主宰的城市土地利用会成为仅受私利控制的增长机器，导致公共空间的减少，城市环境恶化，这要求强化政府在调控中的主导地位，用法规和政策对城市土地利用扩展模式进行理性管理，使之符合城市发展的长远目标。

城市经营作为一种城市管理模式，是经济转型期一种政府行为的变革。城市政府从经营企业转变为经营城市，在城市建设和管理领域，调动城市利益相关者的积极性，实现城市投资主体的多元化。

当前以城市经营带动城市经济发展的过程中，需要有一个能够具体指导建设项目，具有权威性和可操作性的规划进行调控，解决城市建设项目与国民经济计划的结合，解决土地投放与城市空间结构的优化。

我国城市行政决策权主要在市人民政府，市长是决策中的核心人物，市长的职责之一，是要负责组织城市规划的编制和实施，市长必须统筹整个城市经济的方方面面，以实现城市经济增长，政府在制定城市空间发展战略以及城市土地使用过程中，服从于经济持续发展这一核心目标。政府政治运作本身的方向和契机，深刻地影响着城市规划的价值选择。

当代城市快速发展的作用主体为政府、开发商与民众。政府以大众利益为本，以经济发展为目标，推动城市发展。开发商则以市场为导向，以利润为目标，参与这一城市发展过程。

在城市经营过程中，城市更像一个企业集团公司，市委书记像"董事长"，市长像"总经理"。整个城市在一种强有力的企业化机制下高效运转。

东方儒家文化构成了东方城市大的文化背景（图3-10），表现为政令的畅达。政治权力的集中加快了决策进度，在城市发展中表现为高效快速的决策与强大的执行力。

经济发展是城市政府业绩的重要指标，而城市建设则是经济发展的主要表现形式。因此，城市政府在城市建设中表现出超乎寻常的热情与效率。

形象至上的城市——壮丽的城市设计

从金字塔时代开始，西方人就把城市与建筑看作追求永恒的艺术纪念品。他们不惜经年累月，甚至一代接一代地完成所谓的不朽功业。他们十分慎重地对待前人留下的思想与作品，虔诚地恪守城市和谐的艺术法则，城市设计也因此成为一门真正的艺术。

凯文·林奇在《好的城市形式》（Good City Form）中，设立了一种"宇宙"模式的标准模式——他称之为"神圣城市"，将平面布局作为对宇宙和神明的一种解释。这一类型包括文艺复兴和巴洛克规划中那些特别强调权力的理想平面。这类模式在设计上的特点是纪念性的轴线、城门、主导性地标，对规划网格的依赖以及等级型的空间组织。

在城市设计与社会生活中，权力始终是决定一切的因素。17世纪的法国，国王与资产阶级相结合建立了中央集权的绝对君权国家，唯理主义

图3-10 东方儒家文化构成了东方城市大的文化背景

图3-11 巴黎——形象至上的城市，壮丽的城市设计

图3-12 巴黎协和广场

与古典主义便是这一绝对君权制度下的产物（图 3-11）。

占绝对统治地位的君权政体要求在社会生活的一切领域体现其统一、有秩序和永恒的王权至上要求，在社会生活与一切文学艺术样式中建立"高贵的体裁"和统一的规则（图 3-12）。

17 世纪西方思想家笛卡儿认为："我们可以看出，由一个建筑师设计建成的大厦，比几个建筑师共同建成的大厦要优美漂亮得多，而且使用起来也方便得多。同样，那些原先最早是小村子而后来逐渐发展扩大为大城市的古老城市，比起由一位专业建筑师在空地上自由规划，整整齐齐新建起来的城市常常要差得多。"他认为人类社会的一切活动均应置于由同一个原点所建立的几何坐标系之中，由此所产生的秩序才是永恒和高度完美的。

凡尔赛宫的总体设计对欧洲各国的城市设计产生了十分深远的影响（图 3-13）。它所确立的由纪念性、广场和景观大道构成的规划，此后几个世纪风行欧美，也成为后来许多殖民地国家城市设计的样板。从那时起，那个时代漫长的余辉一直洒向了今天。

放眼欧洲与美国，城市美化运动于其盛行的几十年间，在不同的经济、政治和文化背景下，作为金融资本、帝国主义的象征和个人集权意志的体现，其最基本的特征在于纪念性和将建筑物作为权力的符号和象征。

壮丽风格是一种主宰性的城市设计。它与皇帝以及帝王的首都密切相关。它上演着权力！

所有的城市在不同程度上都是一种权力的集合体，以壮丽风格手法设计而成的城市则启用了以物质形式表现权力的手段。这种城市通过空间结构和全套城市装备实现这一目的。这是一种理想化的城市形式，所谓上演权力其实也就意味着操纵形象。这些操纵者心目中已经装有一群预先设定好的观众，一种希望传递给这群观众的效果——一套通过适当的应用而表达出权力、壮丽的视觉语言。

壮丽风格总是和集中性的政权联系在一起，壮丽风格要求的那种宏伟的构架和抽象的模式必须有一个不受阻挠的决策过程，一个能够帮助其实现的财政储备。如果缺少这样一个强势的政权，壮丽风格就会成为纸上谈兵。

壮丽风格将居住纳入与城市整体形式相关的全面纪念性格局当中。巴洛克美学长期兴盛，因为它具有现代的特征，也因为它代表了那种将城市作为艺术品对待的态度。它的兴盛是因为它能够展现清晰、强烈的城市意象，这些意象既很现代，又与传统的成就相呼应，这正是城市美化运动所向往的。通过城市美化运动可以教化由于商业主义的控制和对放任主义的姑息而呈现无序发展的当代城市。

图3-13　凡尔赛宫的总体设计对欧洲各国的城市设计产生了十分深远的影响

资本至上的城市

市场经济条件下的私有化经济表现出勃勃生机。对利益追求的最大化、大量投资引入城市开发、房地产的高利润使投资商趋之若鹜。当代城市中心聚集着高层办公楼等高耸的影像，"建筑是权力的雄辩术"（图3-14），对财富的炫耀，对空间的控制欲，因资本而达成！

传统城市已经被现代城市的经济活动所抛

图3-14　建筑是权力的雄辩术

弃，我们的城市不再是大教堂的城市，而是商业或工业的中心，它们有权拥有自身的新图景。

引领当代城市意向的建筑物，往往由大型金融机构、集团所建造。通过建造标志物，把对经济的掌控力化为城市控制性的形象！当代城市格局的迅速演变、新的造城运动，依靠的是市场的驱动力！天际线是城市的象征，是城市个性的浓缩（图3-15），任何时代的城市都有各自高耸突出的地标，以颂扬其信仰、权力和成就（图3-16）。这些地标归纳了城市形式，突出了城市意象。这些城市影像之所以出现在天际线，是因为它们获得了出场资格，当代城市通过天际线呈现出资本的力量！

乌托邦城市

柏拉图的理想国、欧文的"新协和村"——这些美好社会的空想，都可统称为乌托邦。乌托邦通过欧文、霍华德、托尼·加涅、勒·柯布西耶、雅典宪章一路发展演变为现代主义城市规划（图3-17）。

"乌托邦"认为历史发展是可以预测和预期的，可以精确规划未来城市，包括人们如何行动，如何思想，为了实现国家公共利益的最大化，必须实施社会改造。

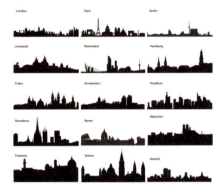

图 3-15 天际线是城市的象征，是城市个性的浓缩

图 3-16 芝加哥：任何时代的城市都有各自高耸而突出的地标，以颂扬其信仰、权力和成就

图 3-17 乌托邦城市

柏拉图的乌托邦理想在城市发展的不同阶段总是不断地顽强再现，他的那种具有代表性的"社会几何学家"式思维仍会不断有传人。现代城市，其城市形态就经常表现为一种乌托邦世界。

巴西利亚和昌迪加尔可以视为一种"光辉城市"的乌托邦城市，战后欧美很多城市的重建和开发也能隐约看到这一乌托邦幻影。迅速发展的各大城市深深陷于一种具备"光辉城市"乌托邦特征的超现实状态。

作用于城市的乌托邦可以被理解为：使社会空间中各种相互关系协同合作的动力机制。乌托邦成为一种使命感、一种英雄主义气势。乌托邦本身所带来的希望是政策的推动力，是一套由上而下的政策和管理方法，带着我们向既定的图景前进！

"自上而下"的城市理论

自简·雅各布斯的《美国大城市的死与生》之后，城市理论研究领域普遍关注自下而上的城市生长力量，关注城市的多样性与丰富性；城市自然生长理论及行为与交往等理论的深入研究，更使关注自下而上的生活性、市民性成为当代世界城市研究的主流。

而城市具有复杂性与矛盾性，我们思考自上而下的控制力量，有助于打开一种新的研究视角，以使我们对城市的理解更加深刻，扩充我们"主流"城市理论研究的边界！

城市特质的引导

当代中国城市建设对"标志性建筑"的追求，使建筑创作热情得以释放，在"标新立异"的表达诉求中，建筑风格与建筑形态呈现出一种"无序"状态，如何在建筑风格的多元各异中寻求一种内在的整合力量？城市风貌的熔炼——城市特质的表达，需要有明确的形式引导和形体控制！

"缝合"的力量

当代中国城市化以"快"为基本特征,这种"快"往往引起对原有空间尺度和形态的颠覆与撕裂,这种"跃进式"建设必然带来城市空间的跳跃性变化以及新旧尺度、新旧风格之间的断裂感!这也需要一种力量,将"生涩"断裂的城市空间加以"缝合"!

中国特色城市制造

在借鉴西方城市发展经验的同时,应该冷静分析"中国特色",中国特色的社会主义城市建设有别于西方,我们拥有强有力的政府执行力!我们应该因借这种自上而下的力量,分析这种力量的规律,以形成具有中国特色的城市状态!

研究城市的权力本质,是为了拓宽城市理论研究的边界,控制城市建筑风格的无序,体现城市内在的整合力;是为了结束"千城一面",熔炼城市特色!

如果我们仍然相信城市是人类最为复杂的创造物;如果我们仍然相信城市是一种世代相传的积累,它凝聚着我们社会共同的价值,并且为我们提供了一个可以共同生活的空间环境,那么,对城市的控制和引导就应该成为我们集体的责任!

诠释"权力",是为了直面权力,从而因借权力!

纪念性与市民性
For Commemoration and For Citizen

纵观城市发展史,两千年来,纪念性与市民性一直在城市建设中交织演进。

所谓纪念性,是城市建设中的英雄主义,它突出的是统治权与神权,展示的是空间霸权与征服欲(图3-18)。它往往是视觉至上、形式至上、自我至上、权威至上,因而往往与城市活力相背离。

市民性,则是注重日常生活世界的营造,追求世俗生活的欢乐,市民性是城市活力的激发点。可以借用莱昂·克里尔的城市形态层次秩序分析图对纪念性与市民性的形态概念作概括性的图示(图3-19)。

图3-18 雅典卫城

发端于柏拉图的乌托邦城市理想，两千年来一直时明时暗地在城市建设中展现，这是一种来自人类自身对纪念性、英雄主义追求的强大遗传基因，它周期性地冲击着城市建设中的市民性。

柏拉图认为城市本身可以当作艺术品来设计，乌托邦是立体几何的一种新的应用，它设想所有的理性人都愿意存在于这样的社会，认为应以理性手段将尺度和秩序强加给人类活动的每一个领域；在柏拉图看来，完整性和均衡性不可能存在于个人，而只在于整体之中。为了城邦，他甚至不惜牺牲市民的生活，牺牲掉个人人格中那些可从生活中展现的可贵品格：和谐、温良、泰然、均衡。"当柏拉图不理睬雅典的嘈杂和混乱，按照已经废止的原始形式重新安排城市的社会功能时，他同时也忽视了城市本身的基本生活，忽视了城市有权进行混杂、掺合、调和敌对事物、创造新的合成物，以及引出僵化结构本身所不能产生的那些新目的。"[1] 按照柏拉图的理想，取代古希腊城市的是希腊化时代的城市：清洁、整齐、优美完整，它寻求的是一种理想的王国或纯如天堂的政体，但在培养创造性活动以及营造市民日常生活空间方面却极其欠缺。

从古希腊时代起，历经古罗马帝国、文艺复兴、现代主义城市……这些时代的城市营建都强调纪念

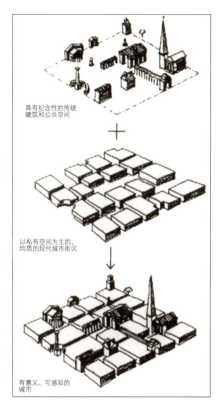

图 3-19　莱昂·克里尔的城市形态层次秩序

图 3-20　古罗马剧场

性，追求一种城市乌托邦。

古罗马城市曾一度创造出辉煌的城市设计成就，却未造就出健康的城市生活与城市文化。古罗马城市建设主要满足少数人的物质享乐与虚荣心，忽视广大市民日常生活的需求，大量建造的是满足奴隶主奢靡享乐和宣扬帝王功绩的斗兽场、剧场、广场、宫殿、府邸、凯旋门、纪功柱、陵墓等具有展示英雄主义雄心的纪念性建筑与城市空间（图3-20）。

与早期的文艺复兴相比较，巴洛克时期的文艺复兴则在城市设计上有明确的设计目标（图3-21）。在指导思想上，是为中央集权政治或寡头政治服务的；在外观形态上，它集中反映了当时的几何美学思想，建筑外观与内部装饰利用透视幻觉和增加层次来产生戏剧化布景效果与营造动感氛围。巴洛克时期的城市设计打破了西欧中世纪城市自然随机的城市格局，代之以整齐而具有强烈秩序感的城市轴线，出现了宏伟的城市轴线和城市大街，巴洛克式城市设计为当时的新贵们提供了一种前所未有的城市生活体验与刺激。它的那种豪华铺张以及壮观的城市构图对大多数统治者有很大的吸引力；这种巴洛克城市设计对后世产生了深刻的影响，催生了法国的唯理主义与古典主义城市建设，后又传到北美，甚至几个世纪后，它仍受到许多国家的青睐，近10年来，中国的城市建设也间接受到它的影响。

现代主义的城市设计力图营造一个全新的英雄时代，怀着理想主义与社会革新的使命感和责任感，设计师帮助社会及民众实现他们心中的乌托邦图景，这一时期的主导思想是勒·柯布西耶主持制定的《雅典宪章》所倡导的功能理性。高速建设中的新城运动为他们提供了施展才华的舞台，巴西利亚等城市的设计与方案实施则突出体现了现代主义城市设计的思想：追求理性、高效与秩序；注重功能分区和机动交通组织，偏爱宏伟尺度与纪念性。

而古希腊、欧洲中世纪、当代欧洲许多城市则强调市民性，追求世俗生活的欢乐。

古希腊城市居民的生活充实而富有活力，工作与闲暇、理论与实践、私人生活与公共生活，都很有节奏地交替着：艺术、体育、交谈、思索、政治、情爱、冒险以致战争打开了生活的每一个方面并使之包括在城市本身的范围内，城市生活的各个部分相互融洽，这是一种生活方式的城市化（图3-22）。

图3-21　圣彼得广场

欧洲中世纪城市市民阶级创造了丰富的城市文化，其市民文化更多地代表了大多数市民的公共利益及其价值观的要求，建立起社会生活中相对公平的游戏规则，营造出城市生活中平等相待、亲切和睦的交往氛围（图3-23）。当代欧洲城市大多都幸运地保存了仍然运转良好的精美的中世纪街道和建筑结构，在延续传统时很好地揉进了当代生活品质，在公共生活的营造上往往注重多样化、丰富性，在解决交通问题的同时加大步行网络建设，以期营造丰富多元的属于市民的城市生活空间。在这种城市生活空间营造方面，如上所述，哥本哈根、巴黎等堪称范例。

图3-22　不同地域风情的市井生活

当然，每个时代的纪念性与市民性都是同时存在的，只是有时纪念性为显性，有时市民性更突出而已。

中国汉、唐时期虽然在经济、政治、文化方

图3-23　城市居民生活

面取得了很大的发展，城市市井生活也十分繁闹，但因为宋代以前的坊市制度并不适合城市市民生活的发展，阻遏了市民阶层的形成，严格地说，未形成阶层的城市居民并不具备市民资格，至多只是前市民状态。而宋代以后随着坊市制的崩溃，新的市民阶层开始全面走上城市生活舞台；明清之际，随着生产力的发展和商品经济的活跃，市民阶层迅速壮大，城市市民生活开始异彩纷呈。

然而，当时的中国传统城市从本质上看多数仍具有"农村品格"，城市主宰仍主要是深受儒家教化的士大夫阶层，富商巨贾投靠官府，投资土地，集"官僚、地主、商人"于一身，缺乏明确的"市民品格"。中国传统城市主流阶层源于农村社会，这就使中国传统城市历经多个朝代，虽然也有纪念性与市民性的交织与更替，但其纪念性与市民性特征本身并不十分明显。

作为城市，统治与权力需要纪念性。城市纪念性往往呈现英雄主义，追求权威感、形式感。而作为城市中的人，则更需要市民性，市民性是城市生长的原点。

城"管"的价值
VALUE OF CITY MANAGEMENT

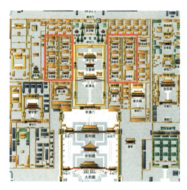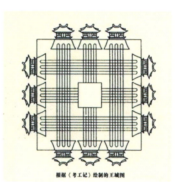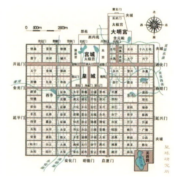

图 3-24 中国古代都城布局示意图

经典城市是管控的结果

古今中外的经典城市无一例外不是长期管控的结果，其共同的基石源于公众共识和准则，纵观其发展过程均显示着管控的力量。在中国，《周礼·考工记》中提到的："匠人营国，方九里，旁三门。国中九经九纬，经涂九轨。左祖右社，面朝后市，市朝一夫"。——唐朝长安城、元明清北京城棋盘式的街坊结构和笔直的街道，无不反映了《周礼·考工记》中"礼"的思想。该思想形成某种范式引导城市的发展。又如，故宫作为北京城的核心，其建筑布局、色彩、高度和屋顶样式都严格按照《周礼·考工记》确立的城制规则。同时，相关的规矩规则在宋朝的《营造法式》中《清·营造则例》之中都有具体记载（图3-24）。

图3-25　故宫

从唐长安到明清北京城都是城市控制和营造的经典案例，其布局、高度、色彩均严格遵循着《周礼·考工记》中所确立的城制规则（图3-25）。

（1）奥斯曼动用国家权力强制性地成片拆迁

1853年，拿破仑三世任命巴黎警察局长奥斯曼为巴黎市长，奥斯曼动用国家权力强制性地成片拆迁。他"将直尺按在城市地图上，穿过中世纪巴黎拥挤狭窄的街道画出条条直线，创造出了新的城市形式。他推翻一切挡道的东西，让路给林荫大道"（图3-26）。

图3-26　奥斯曼

（2）杭州西湖风景区

西湖通过上千年的管理和营造建设，

图3-27　杭州西湖

把控西湖周边的整体形制，对影响西湖总体景观的建筑物进行了拆除，才有了西湖今天的完整景致（图3-27）。

（3）纽约中央公园

围绕中央公园边界所有的建筑物没有任何一个在高度上有太大的超越，整个公园被强力规范形成整个纽约曼哈顿核心的绿肺（图3-28）。

风貌管控已成为公共意识

（1）当代中国城市风貌管控已成为当务之急

当代中国一些城市的风貌呈现出一种"无序"状态，城市特色缺失、公共场所匮乏，其现状与广大人民群众对美好城市环境的追求有很大差距。

风貌的管控优劣并不取决于中轴线或某条街道的结构性风貌管理是否有效，而是针对大量的街巷和居住小区的风貌管控是否切实起到了作用，轴线只是一部分，广大的生活性空间才是决定外来者对这个城市风貌感观体验的主体（图3-29）。

（2）当代中国城市色彩乱象

当代中国一些城市的色彩！亦呈现出一种"无序"状态，需要在建筑色彩的多元各异中寻求一种内在的整合力量！城市风貌的熔炼——

图3-28 纽约中央公园

城市特质的表达，需要有明确的色彩引导和色彩控制。

（3）城市建设社会价值观体系混乱

快速的城市建设使城市出现"断裂"特征。随着中国的快速城市化，其城市建设的规模和速度都是惊人的；从数量上讲，整个中国在过去的10年间就达到了西方世界100年的建筑数量；新建筑在旧环境中迅速升起，呈现出鲜明的"断裂"现象。

相比世界先进城市建筑风貌的整体感和秩序性，当前中国一些城市的建筑风格与建筑形态需要有明确的形式引导和形体控制。

（4）"设计控制"的缺失

一种被我们曾经拥有却遗忘了的传统城市精神和准则。

一种被我们丢弃几十年的"一个好的城市"品质塑成过程中所必须遵循的治理程序和管制机制。

一种亟需在当今规划（政府管理）体系到建筑（建设实施）体系间（它们看起来很近但深刻割裂的巨大鸿沟）进行修补和重构的设计控制机制。

这一控制机制的漏洞几十年来一直淹没于越

图3-29　城市鸟瞰

图3-30　东西柏林风貌对比

来越复杂精致却越来越空洞无效的规划建设管制层级体系中，伴随着城市规划角色和地位在管控治理体系中日渐弱化呈现出形式化的状态。

当前，城市规划体系的重构是一种源头重构，是对土地的综合管控，定量分析等手段对城市的管控力进一步增强，这种被重构的城市规划体系将变得更为有力，成为城市风貌管控的重要推手。

城市风貌管控的五个维度

（1）密度管控

密度形成城市肌理，密度的管控是对城市基底的一种管理。不同气候、文化和社会背景下的美国、欧洲的城市形态，会呈现出不同的密度形式。

日照、容积率、后退红线等指标控制也对城市肌理的显著影响。

东柏林的城市风貌和我国城市类似，而西柏林却都是欧洲小住宅的风貌特征。因此，风貌的核心在于管控制度，而且不以民族和文化为转移（图3-30）。

（2）城市高度和天际线的管控

通过对建筑高度的控制，与自然背景形成协调关系，凸显城市特色。各城市都通过不同方式力求保护代表城市特色的眺望景观。天际线是城市的象征，是城市个性的浓缩，是城市繁荣的机缘。它归纳了城市形式，突出了城市意象（图3-31、图3-32）。

（3）人行尺度管控——城市街墙

步行区是城市中最重要的公共场所之一，它包括步行商业街、步行休闲街、市民活动广场、滨水景观活动带等，是一个内涵较广的概念。

哥本哈根很早就吸引着人们在市中心步行。市中心区成为一处舒适、方便的步行者天堂。市中心交通量的80%以上都是步行，还有14%的自行车交通。整个哥本哈根内城变成了步行者的乐园（图3-33）。

图 3-31 希腊雅典

图 3-32 多伦多、纽约城市滨水天际线

新旧尺度并置

——营造城市集体记忆场所

一个城市不能没有旧的东西,低矮老旧建筑与新的高大建筑并置会使城市产生历史感。强调"织补"的旧城更新既为旧城带来新活力,又保存了旧城重要历史文化信息。低矮的建筑和精致的带有城市历史记忆的起翘,在新旧之间的并置,就很有人文情怀。

(4)山水格局管控

圣人之处国者,必不倾之地,而择地形之肥饶者,乡山左右,经水若泽。

——管子

在全球化影响下,唯有每个城市的自然地理条件具有唯一性。结合山水、植被、气候等自然环境条件塑造城市特色是一种有效方法。设计结合自然,让自然融入城市,既要充分利用城市原有的自然地理条件,借青山绿树、江河湖海的自然魅力凸显城市的特色意境,又要运用人文景观元素,进行自然环境的再创造(图3-34)。

图3-33 哥本哈根斯特勒格步行街

图3-34 奥地利的萨尔茨堡是音乐大师莫扎特、现代指挥家卡拉扬的故乡以及电影《音乐之声》的外景地,因此该城市在欧洲一直享有"音乐之都"的美誉

图3-35 法国巴黎

（5）整体性管控

多数经典城市城区 90% 以上的建筑服从于整体性要求。

这种整体性并不是形式的单一性，不同区位、不同功能类型的建筑形式风格可以呈现多样性，但是各类建筑必须服从整体性的要求（图 3-35、图 3-36）。

图 3-36　意大利佛罗伦萨

整体性表现在造型手法的从属性、体型组织的关联性、建筑群体的背景性。多数欧洲经典城市都有明确的建筑管理规定，要求多层住宅全部做成坡屋顶，甚至规范坡屋顶的若干种形式和色彩，要求住宅风格约定在几种风格之内。经过上百年的长期坚持，都形成了个性鲜明的城市风貌。

精心选择不超过城区总体建筑数量 5% 的公共建筑来凸显标志性，即打造标志性建筑，限制数量会更强调标志性建筑的独特性。

这些建筑无论造型、色彩还是风格，都代表着一个城市的时尚感与先进性。任何时代的城市都有各自独特的地标，以颂扬其信仰和成就。

当前，中国的城市风貌将迎来全新的管控。而这种风貌管控需要有明确的形式引导和形体控制，建立起能指导城市发展的城市风貌指引。城市治理能力是国家治理能力的一个重要方面，而城市风貌管控是城市治理能力的重要内容。在此背景下，城市风貌管控将成为一种国家意志。

有了明确的城市风貌指引，经过 10～20 年的坚持，中国的城市风貌必定会呈现出独特的中国气象！

双尺度城市
DOUBLE-SCALE CITY

 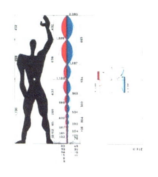 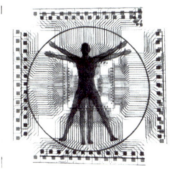

（a）莱昂纳多·达·芬奇的素描《维特鲁威人比例研究》　　（b）勒·柯布西耶的尺度人　　（c）霍金的现代人

图 3-37　人的尺度研究

万物皆有度，世事自有道。

人是万物尺度。

应从"尺度"向度而不是"风格形式"向度思考现代城市空间形态，营造"双尺度城市"：在大的车尺度中融入小的人尺度，这种双尺度城市营造方式是实质性地解决现代城市空间形态问题的重要途径。

所谓尺度是指以人为度量,从莱昂纳多·达·芬奇的《维特鲁威人比例研究》到勒·柯布西耶的尺度人,乃至霍金描绘的现代信息流和技术流,都是以人为核心。分为人的远视感受(车行)和近观感受(步行)两种尺度感受,两者共建起三维形态的整体和局部城市意向(图3-37)。

城市空间形态一直是众所关注的话题。中国几十年的城市建设注重"形式",造作的"建构"、虚假的"表皮"继后现代、解构之后,又开始在中国的一些城市流行,如果说20世纪90年代初北京城用亭子"夺回古都风貌"的努力是试图从形式入手"继承与发展"传统城市空间形态,那么当下的这股建构风、表皮热则是对现代城市空间形态在形式上的新探索。面对走马灯般演练的风格形式变幻,本书认为:风格形式对于城市而言只是形成城市格局众多因子中的一个结果而已,是表面化、视觉化的特性,不会对城市市民生活、城市发展产生真正实质性的影响,是"末"而不是"本"。从"尺度"出发思考城市空间形态则切中本源。

城市是人的聚集地,"人"是城市设计之本,对"人"尺度的思考是最本源的思考;而现代城市空间,由于人而衍生出另一物——"车",则远别于人与马车时代,车用的是机器动力,车将人带入一个全新的速度时代,城市因车而变"大"、变"快",车带来一种与之相对应的"大"尺度。这就给现代城市带来了新特征、新问题,要实质性地解决当代城市所面临的问题,我们首先有必要对现代城市的空间形态特征作一些分析,然后提出有针对性的策略。

现代城市空间形态重要特征——"大"

现代城市空间携着物质的满足、高效的节奏与征服的快乐,在一路高歌;库哈斯由此发出"大"(Bigness)的宣言,"大是终极建筑",只有通过大,"建筑才可能将其自身从筋疲力尽的现代主义与形式主义的艺术意识形态运动中体现出来,恢复其作为现代化推进器的作用。"[1]

雷姆·库哈斯认为,"大"是独立于建筑物意志以外的一种意识过程,他将"大"的作用总结如下:大型建筑物各部分相互独立又不相互隔绝;形式与功能、计划与现实以及内部与外部之间的分离使建筑丧失了逻辑性。由于大型建筑的扩张,它们具备了一种超道德的紧密结合的特性。所有这一切都意味着大型建筑与尺度、建筑结构、传统、透明度以及风格是分离的,这也最终导致了最根本性的分离:"'大'不再是任何一个城市组织的构成成分……"

在一片杂乱又分散的景观中,"大"的魅力在于它有潜力重建整体,再现真实。

仅有巨大空间的建筑往往是平凡和缺乏想象的象征——所有的目的都消失,所有的风格都去掉,所有的解决方案都变得遥不可及,重要的只有:尺度!超大型的尺度能创造出雄伟的效果。这种新的超大建筑综合体是一种机器——这种机器仅仅是为了某种刺激而存在的,它与任何真实的外部环境及现实城市无关!

"大"之表征一:速度。

现代城市空间被"大"所控制,"大"是速度。"速度"是这个时代发展的动力,一种对新的成功的追求,对效率与财富的渴望。"汽车"成了速度的代表,现代人体验到了前所未有的速度状态,人们更多的是坐在车里用眼观看;要使快速运动的人看清物体,就必须将这些物体的形象夸张(图3-38)。

"大"之表征二:交通空间。

随着机动性的发展,城市中机动性特征明显的区位如交通换乘中心、停车场、加油站等正成为城市中最具现代城市特征的场所(图3-39)。这些场所成为城市中"大"尺度的直接表达。

"大"之表征三:景观大道。

因为机动车道路的线性特征,沿道路的建筑呈线性发展,沿街建筑成为一些城市美化运动的着力点，城市"化妆"运动的粉饰点，造就了许多追求政绩的"表皮化""视觉化"景观大道。

"大"之表征四：标志性建筑。

业主和设计师常常热衷于树立标志性建筑，表现"大"的张力，表达一种英雄主义气概，城市中的每个建筑都在突出自己，表达个体利益；整个城市肌理紊乱，没有整合的城市环境，公共利益、公共空间没有得到真正关注。一些城市常常是不连续的，没有街区概念，因此显示出各自"自大"的被肢解的空间形态。

图3-38 汽车城市中的建筑物当代城市空间的泛视觉化倾向越来越强

传统城市空间在迅速瓦解，那静态的自然生长出的传统城市空间渐成记忆，只留给人们挥之不去的"乡愁"，旧城区在被逐渐蚕食，旧城改造往往由全新的城市肌理取代，那种因自然环境而生的丰富多元的城市格局正在被横平竖直的宽大马路取代，迅疾增长的高楼

图3-39 阿姆斯特丹滨水终点站

一个集火车、公共汽车、轮船于一体的滨水交通枢纽，显示出鲜明的亲水性，人们在巨大的透明等候大厅中可以领略运河风情，显示出一种人性化的城市机动性

区，记载的是工业与后工业时代的激情，城市从各个角度奔向"大"。

"人"尺度的需要

面对现代城市空间"大"的特征、外显的张力和快的节奏，现代人对"小"的渴望，对静态感觉的怀念愈加强烈；米兰·昆德拉发出"慢"的追问："慢的乐趣怎么失传了呢？啊，古时候闲荡的人到哪儿去了？民歌小调中游手好闲的英雄到哪儿去了？他们随着乡间小道、草原、林间空地和大自然一起消失了吗？"[2] 对传统城市空间的捍卫一直笼罩着悲情色彩，有冒死保护古城墙的，有要躺在地上阻挡推土机的，更有各种乡村聚落保护、调研机构在奔走呼吁。

人有追求物质的本性，有求"大"的欲望；而同时人又有不可或缺的另一面，人性中也有追求"小"的渴望，希求"静思"的氛围，正如恩斯特·卡西尔在《人论》中所阐述的"人是符号的动物"，马克思·韦伯也指出"人是悬挂在自己编织网上的动物"，两者都揭示了人的文化本质。传统城市是当时人精神的物化和外显，是依人的尺度而建造的，是单尺度城市。它往往是整体性的，有均质的城市肌理，有漫长的自然生长过程，城市节奏缓慢而悠长，适应于人的速度、马车的速度，因而尺度是小而近人的，节奏是慢而静态的。陶渊明的名句："结庐在人境，而无车马喧。问君何能尔，心远地自偏。采菊东篱下，悠然见南山"是一份宁静致远的心境，"慢"在这里具有了一种超然美感。同时，人的文化本质也鲜明地彰显出来。

人是万物的尺度，从维特鲁威到莱昂纳多·达·芬奇，对人体尺度的思考一直是研究建筑与城市的原点。城市和人的尺度关系与城市生活、城市活力甚至城市兴衰是密切关联的，西方城市建设史在这方面可以给我们一些启迪。

（1）古罗马城——"大"尺度场面

刘易斯·芒福德在《城市发展史——起源、演变和前景》中谈到的"罗马病",是一次值得记取的历史教训：罗马城市设计的智慧只满足了少数人的物质享乐与虚荣心的追求,只求"大"；对广大市民的实际生活,对"小"没有加以关心。罗马在城市建设、市政技术乃至城市管理等方面均超过了希腊。但罗马人对城市功能理解较片面,将城市打造成一个巨大的享受容器（图3-40）,却忽视了城市的文化与精神功能,忽视了城市人的具体而微的生活需求。这种基本上是四肢发达、头脑简单的古罗马文化所造就的巨大尺度的城市在颠峰后迅速从欧洲消亡了。谈到对今天的借鉴,他写道"那里人口过度密集,地区实行单方面的剥削,以至不顾自身,古罗马的遗风便几乎会自行复活。如今的情况正是这样,大规模的竞技场、高耸的公寓楼,大型比赛、展销和足球赛,国际选美比赛等,都是道地的罗马传统……这些东西便是厄运临近的征候"。[3] 古罗马作为一个只有"大"尺度的单尺度城市,两千多年后的许多现代城市仍有类似偏差,也有"罗马病"的遗传。

图3-40 古罗马城市
古罗马城市被打造成彰显英雄气概的巨大容器

图3-41 欧洲某城市中心区街道
连续性的底层通透的商业店面及局部放大的可驻留空间,促进了视觉的可及性和通行的便利性

（2）中世纪城市——"小"尺度市民生活

如果说古罗马时代是"大写的人"，创造了壮阔的"大"的城市空间，那么，西欧中世纪的城市却甘为于"小写的人"，为普通市民提供一种切合实际生活需要的城市空间。这种空间十分朴素，具有人的尺度和亲切感。这得益于基督教生活及市民文化的兴盛。

中世纪城市在营造上侧重按照生活的实际需要反映当时基督教生活的有序化和有组织性，以及按照市民文化平等和大众利益的原则毫不夸张地布置他们的生活环境。西欧中世纪城市设计精彩之处，不是其规模宏大的综合性城市中心，而是那些社区生活中心。集市、定时的礼拜，密切了社区居民的交流。大小不规则的广场、曲折幽深的街道、新旧参差的建筑，非常平凡却又十分细致而富有韵味。中世纪城市设计似乎没有大师，也没有堂皇的大理论，但其每一条街道和每一处广场的建设都体现出一种对日常生活的感应和缜密的人性化思考（图3-41）：建筑立面与左邻右舍的关系，广场空间的连续与封闭，每一入口处的视觉与听觉效果变化，色彩的搭配等；在对"人"尺度的推敲、人居空间的塑造以及对日常生活世界的回应上，中世纪的建设者们为后世树立了难以超越的典范。

营造"双尺度城市"

如果说人·马时代的传统城市是单尺度城市，人·车时代的现代城市则应该成为"人"尺度与"车"尺度共生的双尺度城市，这样我们将风格形式的变幻之争转到双尺度怎样共生，转到城市空间形态上，转到不只是视觉的，而是真正与人密切相关的物质空间上。

许多人怀念"步行的城市"，追求"生态""田园"城市，追求单尺度的宁静、优雅的文化品质，然而马车时代毕竟已经过去。我们离不开"汽车"所带来的速度和效率，汽车使我们在有限的人生中实现更多的梦想。

我们既需要汽车带给我们的速度和效率，又不能丢失人性中必须有的宁静和文化品质。我们需要"大"的效率与刺激，车的尺度、动态的尺度、公共尺度、城市尺度，也需要"小"的关怀，人的尺度、静态的尺度。

（1）"双尺度城市"之涵义

双尺度城市的实质是从尺度向度营造有生命力的城市，把城市引向有机状态，将城市作为生命体培育，是埃罗·沙里宁、刘易斯·芒福德的有机论思想，以及简·雅各布斯生活论思想尺度向度的具体化。城市作为生命体，有神经，就应该有神经末梢；有动脉，就应该有毛细血管；相应的，只有"大""小"尺度共生、"动""静"空间并置，城市才能有机而和谐地生长，人车共享城市的实质也就是高效的人居城市。它既有传统城市单尺度的静态、和谐、亲切的"人"尺度城市空间，又可通过"大"尺度享受现代化的便捷与效率。

（2）几座当代城市的尺度感受

汽车时代的城市建设，城市空间形态因汽车而变化，纽约、东京、北京、香港成为典型的汽车城市。纽约为方格网布局，城市因交通而划分为几十个街区，城市空间有些单调乏味，曼哈顿的摩天楼更是向全球昭示财富之"大"。东京城市显示出"大"的动势和张力。北京则有一种变大的欲望：快速环道、高架桥、大尺度的城市公共空间（图3-42），超宽、超尺度的马路和建筑——表皮化的城市空间，显示出一种整合秩序的雄心；而内在的城市肌理则往往是"紊乱"的空间碎片，似乎呈现出"大"的尺度感。巴西利亚等新建首都，也有类似的单尺度"大"的感觉，不聚人，缺少"人"的尺度。

欧洲的一些中世纪城市在逐渐演进；经过大刀阔斧的现代化，巴黎、哥本哈根、维也纳等成为既具现代化汽车的高效，又保留古典人性尺度的双尺度城市；同时佛罗伦萨（图3-43）、威尼斯等虽然也在现代化，然而并没有真正融入现代的高效性，现代化的力度远远不够，仍然只能称之为传统的单尺度城市，城市生活缺乏现代活力，现代生活并没有在这些古典城市中真正融入和展开，城市因而显示出破败与衰退，即这些城市本身不具有现代生活造血功能，很可能沦为纯观赏性城市。

双尺度城市营造的五个向度

营造适应现代城市生活的双尺度城市，可从以下五个向度加以尝试：

（1）线性道路空间与组团空间

这是关于城市整体空间格局的思考，它涉及城市肌理的构成。线性道路空间主要指：城市道路及其道路两厢界面，这是由汽车的交通网络决定的。它创造了城市的高效性，是城市现代性的主要表达方式，必须毫不含糊地予以满足；它决定了城市"大"的特征。城市干道、城市街道、小区道路等，都有其相应的两厢建筑界面；这类建筑界面的尺度应着重于汽车里的人在运动中的视觉感受，与动态的城市空间相适应；商业广告应强调夸张、醒目，造型应尽量简明，简化细部，注重视觉冲击力。总之，线性城市道路空间是开放、动态、"大"尺度的。

图3-42　快速环道，高架桥：大尺度的城市公共空间

组团空间主要指城区内的居住建筑空间：它以满足人的居住生活为主，是内向、静态、步行、"小"尺度的。

当代城市空间往往以线性道路空间

图3-43　佛罗伦萨保持着传统人性化尺度，缺乏现代生活的高效性和活力，属于单尺度城市

为主,只满足了"车"尺度的高效性;而对组团空间的生活性及"人"尺度的思考则往往不够。线性道路空间与组团空间的并置将形成具有现代性的宜人城市空间和城市肌理。

巴黎和哥本哈根是线性与组团空间并置的典范。它们既有现代城市的高效和便捷,又有传统城市的人性化空间。巴黎在城市尺度上有完美的线性道路空间:由凯旋门放出12条大道,特别是举世闻名的香榭丽舍大街,这条中央大街成为连续整个巴黎的形象轴,一直穿越到德方斯新区,道路两厢建筑优雅而浪漫,空间流动,商业气氛浓郁。这得益于150年前奥斯曼主持的巴黎改建,他重整了巴黎城市的街道系统,将巴洛克式的林荫大道与城市其他街道连成统一的道路体系,完善了城市中心区改造,将城市道路、广场、绿化、水面、林荫带和大型纪念性建筑组成公共空间的统一体。同时塞纳河也成为巴黎独特的线性空间(图3-44),沿河岸设有不同层次的道路,沿岸建筑、环境景观十分丰富。

"巴黎是个集体的杰作,一个由中间空间组成的城市。你的周围是戏院,你的背后是咖啡桌上的窃窃私语;大街上行驶着特温哥汽车;铺石路上站着看门人;大教堂前走着卖花女;……"(坎贝尔)。[4] 巴黎之美在于它的居住组团,在于它始终不断地保存、维护、发展和开拓这种人居空间。从巴黎的空中俯视图中可以清楚地看到,整个巴黎由千千万万个这样的居住组团"细胞"组成(图3-45)。当你站在地面,直接接触这些细胞时,更能感受到巴黎人丰富多彩的生活;巴黎的这种以居住区为单元的"小"尺度空间,具有多样的意境和魅力。

城市都应当是以这种人居空间为"细胞"组成的,它们才是城市的"母体",而那些摩天楼、纪念馆、飞机场等则都是派生的。去掉这些富有人情味的人居空间,让居民移到郊外去,而把城市完全留给那些办公大楼,城市将毫无生气。

哥本哈根经历了以汽车为主到以人为主导的城市变迁,多年来哥本哈根一直享有亲切的、以人为本的城市美誉。在人与车的平衡中,新型的市中心表达出一种良好的双向开放性,城市被高效而舒适地使用着。

哥尔哈根在城市尺度上的努力，重在沿岸空间的复兴（图3-46），这里成为线性的开放空间，航运、沿岸的休息区、咖啡座，商业活动十分活跃；城市公共街道两厢建筑丰富而有活力，组成人居空间的组团有机地分置在道路旁，形成外与内、动与静、大与小的和谐组合。

（2）城市广场

好的城市广场应该是既有城市尺度的视觉需求，又有人尺度的心理满足以及适应日常活动的需要。关于广场尺度，凯文·林奇（Kevin Lynch）在《场地规划》一书中把25米左右（看清面部表情的最大距离）的空间尺度作为在城市环境中最舒适的尺度，他还指出，超过110米的空间尺度（人观看活动的最大距离）在良好的城市空间中是罕见的。

巴黎的城市广场在双尺度的融合上堪称典范，从凯旋门的星形广场到协和广场等，都有来自城市尺度的考虑，有与整个城市相协调的"大"尺度，与运动中人的视觉相适应的形象（图3-47）；也有来自对步行者的关照，广场背景界面的尺寸和形状可召唤人们稍事停留并漫步其中。埃菲尔铁塔下的环境

图3-44 巴黎塞纳河畔的线性空间

图3-45 巴黎由无数人居街区"细胞"组成

图3-46 哥本哈根沿岸空间的复兴

就十分宜人，在巨大尺度旁仍设有小水池、林地、小活动场等（图3-48）。

城市广场休闲活动的数量与其能提供的座位有重要关系，哥本哈根在这方面都作了精心设置，户外咖啡文化对创造有活力的城市起了重要作用，同时城市广场是城市中各种活动与事件的聚散地，可作为非正式的舞台，也可作为节目和活动的大舞台，是城市人文活动中信息与交流的公共平台，这些都是针对"人"这一尺度的思考。

（3）城市·建筑综合体

城市与建筑相互咬合、连接、渗透，使两个环境层次、大小两种尺度之间的门槛日益模糊。目前，多元综合已表现为一种大趋势，综合体的多功能相互平衡、相互激发，因而产生更大的经济效益，成为城市生活的积极触媒。而城市·建筑综合体也成为传统个人尺度和城市尺度的并置与交融。当代城市生活的一体化和运作方式的集约化以及由此带来的高效益和高效率是促进城市与建筑功能一体化的源动力。

图3-47 凯旋门的星形广场

城市·建筑综合体具体表现方式有三大类：①点状形态，它作为所处环境地段中的一个开放性环节，除了完成自身功能外，还以引入或接受城市职能作为其职责；②线性形态：以行人步道作为主干的城市公共空间体系；③立体网络形态：建筑与城市在三维空间中彼此穿插聚合，构成协同发展的有机系统。[5]

图3-48 埃菲尔铁塔下的环境

这种综合体形式在各大都市都有出现，如日本东京、美国纽约、中国香港等。这些城市·建筑综合体的形式具有十分典型的双尺度特征，是现代双尺度城市营造的重要方向（图 3-49）。

（4）沿街建筑

面临城市主要街区的沿街建筑可以有两种尺度的表现：为了捕捉车中人在快速运动中的注意力，建筑的霓虹灯广告必须醒目、夸张，同时建筑造型可以适度夸张或将细部简化。现代城市建筑对这一城市尺度的把握都是十分用心的，当代中国追求的"标志性建筑"以及欧美的众多现代城市建筑都在这方面有精彩表现，然而由此塑造的城市街道空间却十分单调，没有人情味、没有人气（图 3-50）。这是沿街建筑只注重城市"大"尺度的后果。在这一点上，我们需要好好借鉴中世纪的城市街道。

好的底层临街立面是重要的城市特征之一，它可使得这个城市走起来有趣，看上去有吸引力，触摸或站立在它旁边都十分有意思。建筑中的活动与街上的活动能相互融汇。入夜，从商店及其他底层建筑的窗户透出友善的灯光，给人一种安全感和实实在在的安全保障。有趣的底层临街立面，同样也是人们夜晚或周末在城中漫步，以古老的"逛街"方式休闲的理由。这种吸引人的临街立面往往有非常多的凹凸细部和连续的临街面（图 3-51）。

没有吸引力的底层临街立面往往有如下特征：①很少甚至几乎没有门的大单元；②功能单一；③封闭式消极的立面外观；④单调的立面；⑤缺少细部和趣味。

罗伯特·文丘里的《建筑的矛盾性与复杂性》以及《向拉斯维加斯学习》都强调了多元并置、表情丰富的街区的必要性，而柯林·罗等所著的《拼贴城市》更是颂扬了中世纪城市街区因拼贴而形成的丰富性。这些多元性与丰富性主要是对人尺度的关注。

（5）机动车节点空间

随着城市机动性的不断增强，当今城市中交通空间在城市生活中变得越来越重要。它们不仅担负着简单的交通功能，而且成为交往、约会、购物、休闲等社会活动场所。城市中机动性特征明显的地区（如火车站、交通换乘中心、停车场、加油站等）将成为未来城市中最具现代城市特征的地区。对这种城市空间节点的人性化设计成为不容忽视的内容。当前中外城市中这类机动车节点空间都还只停留在纯交通空间的特征上；这类交通空间对城市空间、城市生活的影响尚未引起人们的足够重视，怎样将城市机动车节点空间通过城市设计纳入城市人居空间系统，在"车"尺度的冷淡中注入"人"尺度的亲切感和舒适度，虽然是一个全新的课题，却是我们营造宜人的新城市空间所要努力的又一个重要方向。

面对日益变"大"的城市，我们不能回避和悲观，人类步伐总在向前，我们不能只用过往的思维满足传统的情愫，要从"尺度"而不是"形式"向度进行思考，才

图 3-49　香港奔达中心

图 3-50　北京某改拓后的景观大道由于活动人群稀少，人力车在整齐地排队休息

图 3-51　凹凸的临街面

能真正解决现代都市形态问题。在大的车尺度中融入小的人尺度，这种双尺度城市营造方式是解决当前城市公共空间形态所面临问题的重要途径。

营造具有现代城市生活特征的双尺度城市有诸多途径，我们认为至少可以从线性道路空间与组团空间、城市广场、城市·建筑综合体、沿街建筑、机动车节点空间五个向度加以思考，这五个向度分别涉及城市空间形态中的不同切面，由于城市是复杂的巨系统，城市中各种因素必定是彼此交融、渗透的，只有通过对城市中这五个方面双尺度思考的有机交织、有序复合，才能形成完整的"双尺度城市"空间形态。由此，一个高效、宜人的城市空间形态方得以呈现。

权力空间 VS 游戏空间
Power Space VS Playness Space

当代城市空间的复杂性与矛盾性

建筑师罗伯特·文丘里在《建筑的复杂性与矛盾性》(Complexity and Contradiction in Architecture, 1966)一书中提出：意义的丰盛胜于简约，杂乱而有活力胜于统一，出色的建筑作品必然是复杂的和矛盾的。

文丘里针对的是建筑实体的状态，而对城市公共空间状态的分析更值得关注——现代城市从建筑之"实"（建筑实体）到城市之"空"（城市公共空间）都充满了复杂性和矛盾性（图3-52）。

图3-52 建筑师罗伯特·文丘里《建筑的复杂性与矛盾性》中译本

（1）当代城市空间的复杂性

传统城市空间：呈现静态感与精神性（图3-53）。

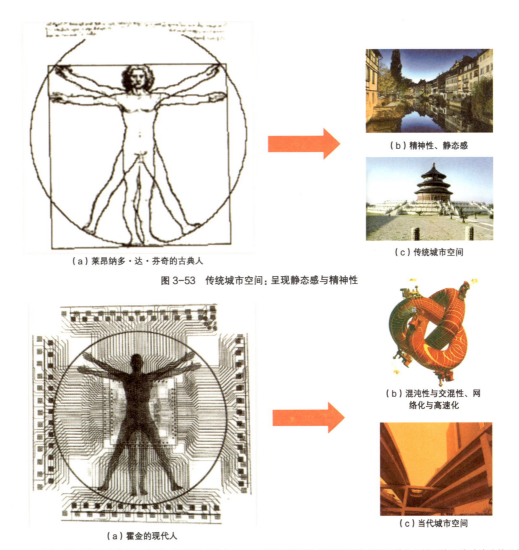

（a）莱昂纳多·达·芬奇的古典人

（b）精神性、静态感

（c）传统城市空间

图3-53 传统城市空间：呈现静态感与精神性

（a）霍金的现代人

（b）混沌性与交混性、网络化与高速化

（c）当代城市空间

图3-54 当代城市空间，人们正面临着一种新城市状态——一个依靠边界和围栏构造的世界正转化为被网络和流动统治的世界

当代城市空间，人们正面临着一种新城市状态——一个依靠边界和围栏构造的世界正转化为被网络和流动统治的世界（图3-54）。在各种流动（网络化、高速化）交织的、具有新的复杂性与矛盾性的当代城市，怎样建构以人为核心、具有多样性的现代公共生活空间，是我们面临的问题。

（2）当代城市空间的矛盾性

当代城市空间的矛盾性有三个方面：市民主义机制与精英主义机制之间的矛盾；市场主导型与政府主导型之间的矛盾；超空间与城市功能和空间的复合多样性之间的矛盾。

当代城市公共空间在不同的生命体验、社会生活和价值体系的交互以及它们的彼此共存、互相交融中，充满了混沌性和矛盾性。

当代城市社会正在从单一主体到多元集合发展；城市管理也从计划和强权转变为灵活与分享；城市规划手段正在从空间规划向人本主义规划过渡；城市公共空间形态正经历着从理性空间向超空间形态的发展。

游戏空间与权力空间

（1）游戏空间

游戏空间在城市中的表现：公共广场——城市作为公共舞台；公共街道——城市作为戏剧布景；公共生活——城市作为乐园；建设开发——城市作为博弈场。

"一个丧失了戏剧与对话感觉的城市，注定有其不幸的一幕"（刘易斯·芒福德）。而城市作为一个自组织系统，具有随机性和自我生长能力，这是人内心游戏性特质的表现（图3-55）。

当代城市公共空间迪士尼化，作为节日和活动大舞台的城市，更能激起人们的热情。

当代城市正在延续和深化这种游戏性，如积极促发一些非正式的城市活动：才艺的交流、小商品的交换、观点的交流等（图3-56、图3-57）。

（2）权力空间

传统城市的权力空间已成为纪念性的场所，而空间渠化则是当代城市的权力空间。

有城市学家认为，当代城市中最大的权力是城市空间权力，这里提出的权力，是指功能分块、小范围的霸权，具有明显的排他性，一个阶层占据了这片城市空间，导致其他社会阶层难以进入。

从宏观角度来说，权力对于城市是绝对的。在中观或微观的层面上，城市的社会属性要求其既需要政府规划，又需要市场定位。如发展一个片区，其功能定位必须依据城市规划，至于地块如何实现、开发计划如何制定，则需要政府、开发机构、社区居民的共同作用。在这一过程中，政府始终作为主导的力量。

城市设计领域内《雅典宪章》所倡导的功能理性仍然存在，这成为对现实城市空间社会的一种肢解力。这种功能理性把现实社会过分简单化，过分功能分解。

中国长期的计划经济模式，使得城市设计也打上计划经济的烙印；城市设计常常成为理想化、计划式、指令式、单向度的设计指导。

很多大城市标志性建筑层出不穷——在这场标志性建筑建设热潮中，从国家大剧院到CCTV

图3-55　清明上河图局部

图3-56　城市中的游戏空间：哥本哈根街头娱乐表演

图3-57　美国拉斯维加斯弗雷蒙街

新总部大厦、国家体育场、国家游泳中心方案，建筑正成为一种时尚（图3-58）。

城市成为建筑单体表演的舞台，一些建筑成为个人英雄主义的表演秀（图3-59）。

权力空间抑或游戏空间？

权力空间和游戏空间并非对立，它们存在相互转化和相互渗透的过程。

权力控制着规划的过程。规划本身有控制性特点，随着社会法制的健全，各项体制日益完善，对于城市空间来讲，各个空间的所有权将会越来越明确，权力的表现形式也会更加多元化。空间的权力性特征不会弱化，但这种权力的表现，会由"强权"走向"民主"，而民主的具体反映就是大众化。因而，游戏空间就会存在于权力空间之中。在我们把大空间划定之后，城市会出现更多的小空间，这是由个人意志所控制的内容范畴。城市公共空间的外在表现，则显得更加随意，更加人性化，更加富有生活气息。

仅仅用权力空间和游戏空间分隔界定是不够的。权力空间是解读城市的一条脉络，而游戏空间这种非线性空间是我们品味、感受城市的主题。不断因借权力与游戏的博弈，可使城市变得更有

图3-58　这幅宣传画讽刺了城市设计中的英雄主义心态

图3-59　国家大剧院

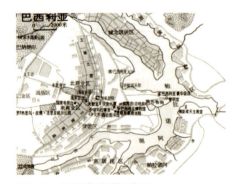

图3-60　巴西利亚规划示意图

生机！

（1）转化

- 权力空间 → 游戏空间

很多空间在刚开始的时候是以权力空间的面貌出现，随着时间的推移可能会转换成游戏空间，成为市民各阶层参与的一种公共空间。

20世纪50年代在规划巴西利亚时，有着各种各样的评论，城市结构好像一架巨型飞机，机头、机翼、机身、机尾都非常之清晰。从建成至今，这座城市在专业人士的评价中总是存在比较多的消极因素。但近50年的建筑历史，从实际考察得来的印象并非如此。巴西利亚的东南面有个很大的湖，湖的形态犹如张开翅膀飞翔的燕子，分了四个支流切入城市，所谓飞机形态，是为了最大限度地利用湖的界面，把城市充分地纵向线性展开，像翅膀一样，充分发挥景观资源。如今的城市是由当初的一个骨架逐渐丰富填充而成的。

巴西利亚的成长过程，是权力空间与游戏空间、理性空间与感性空间的交织和发育的过程。经过几十年的发育，它的游戏性、生活性以及感性层面逐渐丰富，从最初的骨架上生长出它的机体（图3-60）。

- 游戏空间 → 权力空间

如果游戏空间演绎成为一种约定俗成的空间，应该可以转化为权力空间。比如拉斯维加斯，它以游戏为肇始，最终以游戏为核心的功能成为它的城市特质，也就是说形成了游戏的权力性。

在长沙解放路的酒吧街，酒吧等各种娱乐场所开始是零散、自由地，然后慢慢有规律地集结在一起，大家都会约到那里去。最初零散发育出一种游戏状态，当这种状态比较连贯、集结时，便形成了酒吧一条街（图3-61）。

还有一种城市，开始是一种无序的状态，但在建设过程中由于有政府的权力规划控

图 3-61　长沙解放路的酒吧街

图 3-62　图拉真广场

图 3-63　中世纪广场中充满了现代生活气息

制,同样可以理性成长。

权力意志在当代城市建设中是必须的,开发商们在红线范围内各自为政,如果没有政府的公共干预,可能会导致城市被肢解。正是政府的强力干预,才能把各种肢解、封闭的区块整合起来。

（2）渗透

翻看中外建筑史,我们会发现重要的建筑都是权力控制下的产物,比如金字塔、古希腊神庙、长城,都是权力的产物,权力越集中,产生出的建筑越有纪念性。中世纪教堂至今仍散发出宗教权力控制的独特魅力（图 3-62）。

在中世纪充满宗教色彩的"权力"广场、自然形成的露天咖啡座里,人们悠然自得地随性休闲。这是一种充分放松、具有休闲味道、带有游戏色彩的空间（图 3-63）。

当今城市文化的多元化必然带来城市空间的多元化，游戏空间与权力空间的相互渗透与交融，是后城市空间发展的必然趋势。

当代城市状态下游戏空间VS权力空间的趋势：游戏空间和权力空间的对峙趋向转化，从而消解两种空间带来的矛盾性；同时游戏空间和权力空间的对峙也将趋向渗透，从而顺应城市空间所固有的复杂性。

建构与解构
Construction and Destruction

建构

（1）气候的建构力量

气候是一个地区城市布局以及建筑风格走向的重要影响因素。处于不同气候带中的建筑具有不同的特征——热带地区建筑往往形成浅色或单纯度高的色彩，其建筑布局往往通透而开敞；而寒冷地区建筑色彩则相对沉着，建筑风格更显厚重，建筑布局更具内敛性。热带、温带及寒冷地区的城市建筑风格、城市格局往往呈现出各自鲜明的地域特征（图3-64）。

图3-64 气候的建构

（2）传统材料与技术的建构力量

传统材料往往可以鲜明地表达出地域传统。源自本土的石材、木材往往是表达地域性特征的最佳途径，它是形成城市地域性特征的重要基础。对传统建构技术方法的研究与表达，往往可以使城市呈现出一种具有时空跨度的延续性（图3-65、图3-66）。

（3）新材料与技术的建构力量

新材料与新技术是当代建筑新风格、当代城市新格局得以呈现的重要力量。新的结构方式催生新的空间形态；新材料与技术产生全新的建筑表皮和构造方式，因而衍生出新的建筑形式。新材料与技术使当代城市呈现出迥异于传统城市的全新状态（图3-67）。

（4）地域文化的建构力量

地域文化往往成为展现城市独特性的内在力量。由一个地方环境和人文资源条件所提供的可能性是产生城市文化特色的重要前提，一个地方人们的行为习惯、价值取向决定了一个城市的精神气质。只有强烈而鲜明的地域文化才可以熔炼出具有独特精神气质的城市（图3-68）！

图3-65 传统材料的建构

图3-66 传统技术的建构

解构

（1）新材料与技术的解构力量

新材料与技术是城市建构的巨大力量，同时也是城市解构的力量。电梯等的出现使人类建筑可以往理想高度攀升，而结构等新技术不断塑造和解构着以往的建筑形式，新技术的解构力量成为城市不断演变的决定性力量（图3-69）。

（2）后现代文化的解构力量

后现代文化充满着当代大都市生活。后现代文化作为一种游戏性因子，渗透在现代城市公共空间与公共建筑及各种日常生活中。通过个体建筑以及公共空间的后现代表达，通过对城市戏谑性的描绘，使现代城市呈现出一种新的状态（图3-70）。

建构与解构相互转化

随着时间的推移，建构与解构之间将相互转化，两者的关系互相模糊、渗透，正如新材料、新技术既是建构的力量，又是解构的力量，它们不断"打破"

图3-67　新技术的建构

图3-68　地域文化的建构：德国某小镇

图3-69　新技术的解构

和"塑造"着城市建筑风貌以及城市格局。

新技术、新文化对城市的建构与解构，正如"时尚"与"经典"的演绎——"时尚"蕴含未来的"经典"，"经典"源于过去的"时尚"。这也阐明了建构与解构相互转化的因缘关系。

当代技术及后现代文化"解构"着当代城市，同时铸造着新的城市状态，随着这种新城市状态发育完善，就完成了新城市状态的"建构"——被"解构"的新城市状态的形成与固化转化成新的"建构"！

当代城市正是在建构与解构之中不断演变与发展（图3-71）！

图3-70 后现代文化的解构

图3-71 建构与解构之间将互相转化兼容

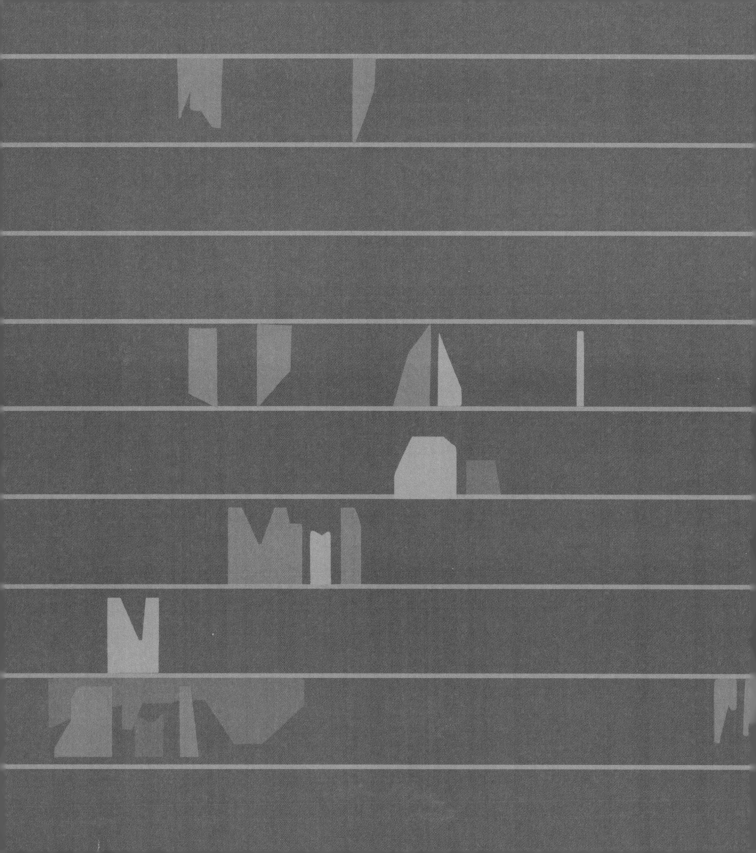

SENTIENT BEINGS' FACES
众生相

论城市的游戏性　ABOUT PLAYFULNESS OF CITY

新生活　NEW LIFE

新媒介生存　NEW MEDIA SURVIVAL

消费至上　ABOUT CONSUMERISM SUPREMACY

不夜城　24-HOUR CITY

边界与跨界　BORDER AND CROSS-BORDER

论城市的游戏性
ABOUT PLAYFULNESS OF CITY

在城市文明历程中，游戏因素是极其活跃的，它催生出城市生活的许多基本形式（图 4-1）。作为一种社会动力，游戏精神像发酵剂一样渗透进整个城市生活中，"宗教仪式从神圣的游戏中发展而来，诗歌诞生于游戏并得到游戏的滋养，音乐和舞蹈是纯粹的游戏……战争规则、贵族生活的习俗也建立在游戏类型之上"（刘易斯·芒福德）（图 4-2）。我们这里所指的游戏是作为文化中重要特征的游戏，不是在动物或儿童生活中的具体游戏，我们不必去分析刺激和习惯如何支配游戏，而应关注多样性的游戏对城市社会建构本身的巨大推动力量。

图 4-1　都市博弈

人类城市是在原始聚落的社会性、宗教性两种推动力协同作用之下形成的，在成为人类的永久性固定居住地之前，城市最初只是古人类聚会的地点，古人类定期返回这些地点进行一些神圣活动（图 4-3）；"这些地点能把非居住者吸引到此进行情感交流和寻求精神刺激。这种能力同经济贸易一样，既是城市的基本标准，也是城市固有活力的证据……"（刘易斯·芒福德），作为城市发展最初的胚盘，人类这些最早的礼仪性汇聚地点除具备各种优良的自然条件外，还具有一种"精神的"或"超自然的"威力，一种比普通生活过程更恒久、更具普遍意义的威力。

这种精神的、高于普通生活的威力就是游戏的一个主要特征。游戏不是"平常的"或"真实的"生活，而是超然于"真实"生活，进入一个暂时别具一格的活动领域。它超越了生活的当下需要，具有非物质性。

另外，游戏的第二项特征是"秩序性"。它在特定范围的时空中"演出"（图 4-4）。游戏是感性的同时也是严肃的，因为玩游戏就意味着毫无疑问地按规则，即遵循游

图 4-2　宗教仪式从神圣的游戏中发展而来，诗歌诞生于游戏并得到游戏的滋养，音乐和舞蹈是纯粹的游戏……战争规则、贵族生活的习俗也建立在游戏类型之上

戏规则；一旦规则被逾越，整个游戏世界便会崩溃。游戏能使人类对节奏、和谐、变化、更迭、对比和高潮等的内在需要充分展现。魔术、戏剧、英雄的渴望、音乐、雕刻和逻辑都在高尚的游戏中寻求形式和表现；这种欲望有时要求双方进行力的较量，有时则要求提供艺术品，有时又可能铸造刀剑或创造巧妙的韵律。"竞技场、牌桌、巫术场、庙宇、舞台、网球场、法庭等，在形式和功能上都是游戏的场合，都包含特殊的规矩，互相隔离，划分禁地，神圣化。它们是平等世界中的暂时天地"（刘易斯·芒福德）。

游戏是对年轻活力的一种训练，是一种"宣泄"。柏拉图认为：游戏是源于所有年轻生物——动物和人类——跳跃的需要，这就是游戏的第三个特征"青年性"。青年性更多是与文化，而不是与年代学上的年龄有关；具有青年性的人易于冲动，精力旺盛，敢于探险和投机、轻松活泼；他们倾向于言语干脆，引人注目，好走极端，没有节制；游戏的青年性特征是心灵的放飞与自由，是创造自我的快乐。正如迦达默尔认为的："游戏成为纯粹自我表现形式"。

伴随城市外壳的生长，其内容物也在扩大：不仅城市的内部空间、宗教圣区，就连它的内部

图 4-3　城市最初只是古人类聚会的地点，古人类定期返回这些地点进行一些神圣活动

图 4-4　游戏的第二项特征是"秩序性"，它在特定范围的时空中"演出"

社会生活也在发展。各种游戏性活动逐渐物质化：幻想变成戏剧，性愿望化作诗文、舞蹈和音乐；在野蛮社区中才有的节日庆典，逐渐成为城市日常生活的一部分（图4-5）。城市许多的必要功能常采取游戏的形式，人们从事这些功能，延长这些功能，主要是追求这些功能的社会意义，而不是其实际目的。

公共广场——城市作为舞台

古代城市广场（forum）最早的功能大概就是将观众集中到一起观看竞技比赛（图4-6）。在公元前5世纪的雅典，公民大会就是一个大型"赛会"（agon），同时在广场还举行养马比赛、政治家、歌手、武士、作曲家、戏剧家的比赛。随着角色人物丰富性的发展，城市必须提供表演空间，以释放复杂的人际冲突，体验多元的人际关系，城市成为一座戏台。这座戏台上的普通生活也带上了戏剧色彩，而城市公共广场的环境背景进一步增大了演员们的感染力。丰富的城市活动：聚会、比赛、表演等，通过背景、环境、情节、冲突、高潮、解决——

图4-5 百老汇歌剧

各种游戏性活动逐渐物质化：幻想变成戏剧，愿望化作诗文、舞蹈和音乐；在野蛮社区中才有的节日庆典，逐渐成为城市日常生活的一部分

图4-6 雅典第一届奥运会体育场

这些戏剧表演中的形式，都一一进入城市日常生活。如果我们设想将城市生活的戏剧性场面都去掉，比如竞技、辩论会、表演、庆典等，城市中多半有意义的活动将消失，"只有在城市中才可能为人类戏剧准备如此齐备的人物角色，也只有在城市中才可能有如此丰富的多样性和竞争性去活化戏剧情节，把表演者推向精彩、专注、自觉参与的最高潮"（刘易斯·芒福德）。

随着城市中职业的不断分化，城市这个演戏场内包容的人物越来越具有多样性，这使交流与对话成为必须和可能。交流成为城市生活的最高表现形式之一，如果说提供各种形式的对话和戏剧是城市的本质功能之一，那么城市发展的一个关键因素便很明白——它在于社交圈的扩大，以致最终使所有的人都能参加对话。

古希腊奥林匹亚竞技会通过有严格规定的比赛表演，寓人类精神于体魄之中，各个城市的人们在共同的奥林匹亚的舞台上会面，这种体育比赛的游戏使人类精神处于一种积极的进取状态。另外，希腊的戏剧剧场也是人们表达荣誉与信念、智性娱乐的场所。而雅典卫城作为城市神祇的家园、朝觐的中心，也是节庆游行的聚会舞台。希腊化时代的城市中心商业区，其重要的城市功能也是作为各种大规模演出的舞台：一个容纳观众的容器（图4-7）。毕达哥拉斯把生活本身比作体育大赛："有些人是去参赛夺奖，有些人是为了出售商品，但最优等的人是去当观众。"在比赛中，无论富人和穷人、高贵者与卑贱者，都融汇到城市观众或演员这些角色之中。

古罗马作为过分追求物质享乐而城市发展失控的典型，其广场、大剧场、公共浴场、角斗场都是宏大的城市舞台（图4-8），其广场并不单单是一个开放场所，而是由圣祠、庙宇、法庭、议会、柱廊等形成完整的管区，在其上展开多种活动：宗教集会、市场交易、辩论会等。

中世纪城市具有丰富的社会生活景象，但不论生活多么繁复，首先它还是教会举行各种仪式的一个舞台。这也是中世纪城市的最精彩之处。这些城市都适应于露天表演和盛装游行。教堂作为朝圣地,是举行盛大宗教仪式的场所。

当代城市在延续和深化城市作为舞台的特征,一些非正式的城市活动:才艺的交流(如街头艺人的表演)、小商品的交换(如街头市场)、观点的交流(如自由表达言论、集会、示威活动),这些活动是城市日常公共生活的主要内容。而作为节日和活动大舞台的城市,则更能激起人们的热情(图4-9),如文化活动:各种演唱会、博览会、展示会等,使市民们能极大地享受到生动有趣的社交活动,体验都市生活的欢乐。而各种运动会、选美、择优的竞技比赛,更使市民们感受到城市旺盛的生命力。周期性的节日庆典、狂欢、游行等,多样化、有组织的大型都市活动更在宣泄市民们充沛的激情。

城市公共空间是社会生活的"容器",公共空间为社会生活提供场所,对人们的活动起到组织或激发作用,公共空间与人类活动之间有一种互构的关系。维特鲁威在写到古罗马的广场设计时,说它"应该与居民数量成比例,以便不至于空间太小而无法使用,也不要像一个没有人烟的荒芜之地"。西特在他的论述中认为"……在中世纪和文艺复兴时期的社区生活中,存在一种城镇广场有活力和功

图4-7 希腊化时代的城市中心商业区,其重要的城市功能也是作为各种大规模演出的舞台:一个容纳观众的容器

图4-8 古罗马的广场、大剧场、公共浴场、角斗场都是宏大的城市舞台

图4-9 作为节日和活动大舞台的城市,更能激起人们的热情

能性的使用"。[1] 针对城市广场的这个特点，克里斯托弗·亚历山大提出"事件模式"的概念：每个地方的特征是由不断发生在那里的事件模式所赋予的，空间中的每一模式都有与之联系的事件模式，空间和事件一起的整体模式是人类文化的一种要素，它由文化创造，由文化转换，并仅仅固定于空间之中。"……空间的模式恰恰是允许事件模式出现的先决条件和必要条件"。特定的空间形式、场所会吸引特定的活动和用途，而行为和活动也倾向于发生在适宜的环境中（图4-10）。

公共街道——城市作为戏剧布景

街道是城市的表情，"如果一个城市的街道充满趣味性，那么城市也会很有趣；如果城市街道看上去是很觉闷，那么城市也必定是沉闷的"（简·雅各布斯）。

街道及其两边的人行道，是城市市民日常生活的主要场所，街道作为公共开放地，不仅可供日常进出，同时又是城市社交、表现的舞台（图4-11）。公元1世纪的维特鲁威把街景功能描述为戏剧背景，两千多年过去了，虽然城市空间结构发生了巨大的变迁，然而作为城市基本生活器官的街道，却仍在形式特征上维持着维特鲁威描述的当时欧洲都市街道的三种景观：其一称为"庄严的"或"悲剧式"；其二称为"欢快的"或"喜剧式"，其三称为"激情的"或"讽刺式"。

悲剧式街景"由柱式、山花和雕像构成"，这是一种古典式风格的街道。喜剧式街景则"装饰题材常常是阳台、连排窗和住所,是普通百姓的家园"。讽刺式街道则是以"景园风格的树木、洞穴、山体及其他自然物景"进行修饰的样式。

悲剧式的街道适合于市政街道，运用竖向古典元素可以取得市政街道的宏大尺度感；而商业街道既可汲取悲剧式的场景，又可采用具有喜剧场景特征的中世纪集镇的祥和方式，商业街无论运用何种具体的形式，它总是作为日常商业生活舞台的背景成为这个城市的脉搏。

而激情的街道则设在郊外的小路上，街道由景园风格的树木及其他自然场景进行修饰，这适于花园城市风格的郊区开发，让人回归世外桃源。

无论何种类型的街道都作为城市日常生活的舞台，而街景则当然成为戏剧布景，不同的演出就会有不同的戏剧布景。

街道的功能类型分为市政街道、商业街道和居住性街道，这三种类型与三种维氏戏剧背景风格有对应关系但并无严格界限。维特鲁威对城市街道的游戏性特征所作的精辟归纳，至今仍然是一种具有生命力的都市传统。

街道是人与物之间的中介：街道是交换、商品买卖的主要场所。街道的真正秘密核心是商品，商业服务是街道活动的重要触媒。街道被各种各样的人群使用，有零售、办公、居住等不同的用途，具有各种各样的意义，因此，它的语义变动不居。但是，街道仍然存在着一种固定的核心意义：它是商品寓所。这也正是街道的魔力所在，它促使人们一遍遍不厌其烦地奔赴街道。

当代社会在街道使用模式上发生了很大变化，步行被驱车所代替，电话在某种程度上代替了面对面的闲聊。现代城市街道已沉入商业娱乐文化影像巨大的氛围中——街道被数码电子技术制作的精致广告、明星影像等所包裹；城市的娱乐业通过商业化运作制造梦幻的源泉，制造流行和时尚，街道被这些巨大的文化影像所包裹。努韦尔曾指出"建筑与视觉上的双向度整合有着密切的

图 4-10　西方绘画中的街道市井生活

图 4-11　广场中的亲密交往

图 4-12　街道界面的影像化、媒介化特征进一步使当代城市成为戏剧的表演场

联系，电视、电影、广告将整个世界转换成平面"。这种二维效果使他相信"材料、质感和外观的卓越已经越来越重要，物体间的张力是在外表的呈现，在界面上的显示"。

现代城市中建筑本身成为讯息，就对视觉的俘获力而言，影像和建筑形态实际上是一个物体中不可分离的两个方面。

迅速变幻的时尚如同电影"蒙太奇"，街道界面的影像化、媒介化特征进一步使当代城市成为戏剧的表演场（图4-12），是当代城市的游戏性特征在视觉向度的表达。

公共生活——城市作为乐园

古谚云"一切皆梦幻"，我们代之以"一切皆是游戏"，这似乎是精神孱弱的表现，但实则是柏拉图称人是神之玩物时所达到的智慧。在圣经《箴言》中，也有同样的非凡意象："主据有我在造化之初，在他造万物之前。从亘古，从太初，未有世界之前，我已被立。……我在他那里工造万物；日日为他所喜爱，总在他面前游戏；在世界中游戏，而我的喜悦将与世人同在。"

福柯认为人的本性不是劳动和创造，而是快乐和游憩（图4-13）。他心目中的理想不是知识和真理，要达到的目标不是强力与权力的平衡状态，而是作乐、需求、欲望、机遇、反抗的过程，让身体所具有的膨胀的、间断的能力在此过程中任意地释放。

市井是市场与市民生活的集成，是城市（镇）平民赖以生存的土壤和营生空间。"一部城市生活史，一部由各种表现上看起来微不足道、琐碎至极的生活层面组织起来的历史，由皇宫和狭巷陋舍、富商大贾和小贩货郎、面容迥异的海外来客和荷锄肩担的农民的生活交织起来的历史，就是一部城市中的日常生活史"。这种市井生活是一种极为活跃、极具生命力的文化，它兼容百纳，吞吐自如，永远追逐和创造着时尚，也永远处于游戏状态。追逐时髦，创造流行。市井是人性的通俗化宣泄，是一种奔腾的"现象流"，是城市中最具活力的舞台（图4-14）。

如果说市井生活更多代表的是传统城市生活，那么大众文化（mass culture）则是现代城市生活的整体背景，当代社会的商业、交通、通信方式重新塑造着大众心理，大众文化代表了多元性、兼容性的文化空间，当代大众文化发端于后现代主义，后现代风格走进城市建筑、商业广告、时尚杂志，与大众文化混合在一起。

在当代语境中，建筑师和艺术家往往运用反讽和游戏的方式表达观念，他们都不愿意让自己及其建筑表现出一副正襟危坐、面无表情的冷面孔。为了获得一种生动感和调侃趣味，宁愿玩一些危险的语言游戏，甚至把自己的游戏之乐建立在牺牲他人作品神圣性和严肃性基础之上，如文丘里的《建筑的矛盾性与复杂性》可以说是反讽式批评的典型范本。M.弗里辛道普创作的"臭名昭著的欢娱"，由于在雷姆·库哈斯的《疯狂纽约》一书中发表，已作为一个著名的反讽式建筑文本受到关注（图4-15）。

后现代城市的这种"美学游戏的狂欢"既与维特根斯坦的"语言游戏"[1]有关，又与德里达的"文本游戏"[2]有关。当代城市建筑创作被当作一种审美游戏，通过艺术上的反叛与游戏获得真正的审美快感。

图4-13 "不夜城"长沙

图4-14 市井是人性的通俗化宣泄，是一种奔腾的"现象流"，是城市中最具活力的舞台

作为大众文化的一种传播媒介，网络开辟了全新的生活方式，网络的虚拟空间、网络生活造就了当代城市生活的游戏性基质，极大地扩张了游戏的外延。

网络时代的人们习惯并期待一种模糊的无深度、无中心，甚至不需要提供真实世界基本意义的生活。

有人用"无厘头文化"概括数字化城市新人类,他们弃绝流行音乐中任何可能的深度、可能的意义和想法。由于信仰的失落、宗教的式微,文化多元性的分解作用,使现代人寻求心理满足的快感原则、游戏原则,不是寻找一种永恒宁静的力量,而是不断激起瞬间即逝时刻的亢奋。

传统的城市市井生活的丰富性,现代大众文化、后现代文化的多元化、快感原则,特别是网络时代造就的具有游戏性基质的城市生活,从人的生活向度丰富了城市的游戏特征。

建设开发——城市作为博弈场

(图 4-16)

"城市"一词是"城"与"市"的结合,而城市之发展,主要是"市"在起作用,《周易·系辞》记载:"日中为市,致天下之民,聚会天下货物,各所共得","市"是指交易场所。在近代化以前,城市的格局一直是以宗教和君王的权威来调控的。近、现代以降宗教和君权日渐式微,市场经济这一"看不见的手"对城市格局产生了越来越大的支配力。

图 4-15 雷姆·库哈斯的《疯狂纽约》

图 4-16 城市开发中的博弈场

图 4-17 上海·汤臣一品

住宅区开发即是开发商之间为寻求市场效益最大化的博弈

人类是唯一会做交易的动物，狗是不会相互交换骨头的（亚当·斯密语）。市场经济条件下的城市开发是一种类似制造博弈的过程。现代城市通过制定博弈规则，布置博弈空间，选择博弈选手，安排博弈程序，创造博弈条件，以规范和激励博弈者，从而提升城市空间品质，丰富城市生活。

博弈论创立于20世纪中期，意思是每个对弈者在决定采取何种行动时，不但要根据自身的利益和目的行事，而且要考虑到他的决策行为对其他人的可能影响，以及其他人的行为对他的可能影响，通过选择最佳行动计划，寻求收益或效用的最大化。以专业术语描述，博弈论是"研究决策主体的行为在直接相互作用时，人们如何进行决策，以及这种决策如何达到均衡的问题"。博弈是一种游戏，是一种策略的相互依存状况：你的选择将会得到什么结果，取决于另一个或者另一群有目的行动者的选择。广义地说，人生就是一个永不停息的博弈过程。城市开发作为一种博弈行为，其中的各种组织如开发公司、设计咨询公司、施工部门等都可能成为开发过程中的博弈者。

我们今日之物质财富都是源于自由市场竞争——也即是博弈的结果。亚当·斯密在1776年发表的《国富论》中精辟阐述了自私行为与市场运作的关系："每个人都会尽其所能，运用自己的资本争取最大的利益。一般而言，他不会有意为公众服务，也不自知对社会有什么贡献。他关心的仅是自己的安全、自己的利益。但如此一来，他就好像被一只无形之手引领，在不自觉中对社会的改进尽力而为。在一般情形下，一个人为求私利而无心对社会作出贡献，但其对社会的贡献远比有意图作出的大。"所以博弈不一定是坏事，也未必不能取得好结果。

城市开发博弈主体主要有两大类：一是城市政府与开发商；二是开发商之间。而博弈按得益情况主要分为零和博弈、常和博弈以及变和博弈三种类型。

零和博弈："一方的收益必定是另一方的损失，某些博弈方的赢肯定是来源于其他博弈方的输。而最后各博弈方得益之和总是为零"。

常和博弈："在博弈中，各博弈方得益之和等于一个非零常数"。由于常和博弈中不一定有输家，利益的对立性体现在利益的多少，结果可能出现大家都分得合理或者说满意的一份，因此相互之间容易和平共处。

变和博弈："不同策略组合（结果）下各博弈方得益之和一般不相同"。变和博弈的结果也是博弈各方都有收获，但各方获利加起来是一个变量。

比如，住宅区开发既是开发商之间为寻求市场效益最大化的博弈（图4-17），又是开发商与政府在个体利益与社会利益之间的博弈。这种博弈结果可能是零和博弈，也可能是常和博弈以及变和博弈。另外，土地拍卖作为一种土地交换的市场行为，其拍卖过程本身也是一种有庄家的博弈行为，开发商通过报价竞争获得土地开发权，从实质上讲是各开发商之间的常和博弈。

在市场经济条件下，开发商作为独立的经济法人，在市场竞争中具有寻求利润最大化的理性意识，开发商经济活动的起点和终点都以企业利润最大化为目标；而政府则以社会利益代表者的身份参与社会经济活动。以利润最大化为目标的个体理性往往与政府代表的社会理性相矛盾，这就形成了政府与开发商间的博弈。

城市开发政策、城市规划及规划管理制度则是政府针对城市开发制定的博弈规则，这些博弈规则从原则上讲应该产生常和或变和博弈而不是零和博弈的结果。政府应通过这些博弈规则对城市开发博弈以积极引导，既让开发商能进入一种投资—收益—再投资—再收益的良性循环，同时又赢得城市生活环境的改善与提升，以尽可能寻求收益或效用最大化的多赢局面。

当代城市空间格局的塑造主要由城市开发行为所拉动。城市开发作为城市经济生活中占据重要地位的博弈行为，以及城市开发政策、城市规划及规划管理制度作为城市开发博弈行为的游戏规则，使当代城市发展、城市生活充满了精彩刺激的游戏性。

本书之所以提出城市的游戏性特征这一命题，旨在对当前城市建设中三大倾向的棒喝：第一种是唯物质化倾向，整个城市沉溺于对 GDP 增长的盲目崇拜，将经济增长、物质丰富作为终极目的而不懈追逐；第二种是功能主义的城市规划与建设，以汽车交通为先导的城市布局，城市常常被肢解成功能碎片；第三种是唯视觉化倾向，追求"宏大叙事"和唯美情结，这是一种视觉美学上的浮夸风。

阐述城市的游戏性，意在表明城市是一个耗散结构的自组织系统，要重视城市发展中的随机性和自我生长能力，重视人内心的游戏性特质，在城市生活中多一些感性的存在，少一些冷漠的理性，用心体味市井和大众文化，创造人性化、人情味的场所，呵护和引导好市场博弈，以健全和发育好我们的城市。

游戏是人生的抽象，人生如戏，众人汇聚的城市成就了你刚演罢我登场、一代接一代永不会谢幕的城市戏剧。怎样营造好这一永恒然而蒙太奇般变幻的城市舞台，是我们这些无限光阴长河中的短暂过客所要思考的。而这种思考只有以人所特有的游戏性心境，才能催生出真正属于人而不是物的城市。

新生活
NEW LIFE

《走向新建筑》——勒·柯布西耶宣言,基于新技术,基于建筑个体,现代城市走向了分离(图 4-18)。

走向"新生活",基于后现代情境,基于新公共生活,我们应结束城市分离。直面"新生活",是我们建构当下和未来城市的原点!

新"虚拟"生活。原子时代已经过去,我们置身于网络互联,数字化生存正在解构依靠边界构筑的几何世界。城市公共生活正日渐从物质空间移至"虚拟空间"(图 4-19)。虚拟公共生活的兴起产生新的公共空间模式,也挑战了传统都市公共空间存在的必要性。

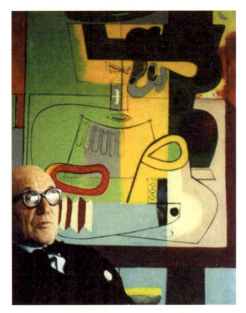

图 4-18 《走向新建筑》——勒·柯布西耶宣言,基于新技术,基于建筑个体,现代城市走向了分离

当代城市是流动性决定了城市生活的结构,这得益于科技的发展并最终对城市形态产生了冲击。

柏拉图曾说过:"一切都是流动的,没有什么是静止的。"

电子技术正在"解构"我们对于未来的预见能力;网络生活正在"解构"我们依靠理性设置的公共生活过程。

新"**消费**"生活。当代消费空间起着创造生活方式的作用。消费生活塑造城市风格,也构筑市民生活——当代城市空间形态呈现为一种消费生活形态(图4-20)。

消费文化无疑成为城市文化生活的主宰和"调控器",市场经济将文化从原本纯粹的精神需求层面更多地推向娱乐消费层面,从而使文化具有了鲜明的消费性。商品渗透进文化形式和产品之中,通过提供新艺术生产手段,新文化消费方式充实着市民文化生活。"购物可以证明是现存公共活动的唯一形式。通过一种日益加剧的掠夺的斗争,购物开始殖民甚至取代都市生活的各个方面。历史性的城市中心、郊区、街道,当今的火车站、博物馆、医院、学校、互联网甚

图4-19 人们在"虚拟空间"中形成新的时空观——时间和空间由相互缠绕走向逐步分离,"那里"即是"这里","此时"也是"彼时"

图4-20 步入消费时代,商业文化渗入人们的日常生活,无论白天黑夜,城市总在追求明亮华丽,各式各样的广告无所不在地向人们昭示新"消费"生活

至军事越来越由购物场所和机构控制。教堂是吸引信徒的购物中心。飞机场正广泛地从将旅客转化为顾客中获利。博物馆正在努力向购物转化以便获得生存"。

新"**交通**"生活。城市本质上应该是转换的场所,是机动性的场所。高效的移动已经成为当今社会基本价值,成为实现社会变革、发展进步的前提条件,成为人们选择做什么,选择如何生活的前提条件;可移动能力已经成为人类的"根本权力",它是通达其他诸如工作、居住、教育、健康权利的必要条件。

图4-21　当代城市的迪士尼化、娱乐中心化是城市游戏性的新表征

在追求效率至上的今天,城市交通空间具有公共性品质,成为交流场所。作为容纳流动人群的电车、汽车或者人们活动场所的道路本身,应该成为具有新意义的承载人们日常生活的重要空间。

新"**游戏**"生活。当代城市的迪士尼化、娱乐中心化是城市游戏性的新表征,游戏成为人生的抽象,它催生出当代生活的许多形式(图4-21)。

在市井中,工、商、医、农、僧、生、官可以比肩而立,歌舞影剧与巷陌小技可以同时登场(图4-22);才艺的交流、

图4-22　歌舞影剧与巷陌小技可以同时登场

小商品的交换、观点的交流,成为城市日常公共生活的主要内容;周期性的节日庆典、展示会、狂欢、游行,更可以宣泄市民充沛的激情。城市公共空间成为演出人类生活戏剧的大戏台。

新"文化"生活。后现代城市文化是追求强烈狂欢与体验的生存方式。人们习惯并期待一种模糊的、无深度的、没有中心的、甚至不需要提供真实世界基本意义的生活。

大众文化产业的扩张不仅是文化商品与信息市场的扩大,而且体现在商品的购买与消费行为不断被弥散的文化影像所控制、引导。电视、电影、流行音乐、旅游、时尚与休闲等大众文化产业得到空前发展。后现代城市更多是影像城市,城市的日常生活与休闲生活都摆脱不了文化影像的影响——用数码电子技术制作的广告、明星、商品的影像,已是今日中国繁华都市的文化表征。

古典生活、传统生活——牛顿空间、静态空间、几何空间——经典城市空间(图4-23)。

"新生活"、后现代生活——爱因斯坦空

图 4-23 古典生活、传统生活——牛顿空间、静态空间、几何空间——经典城市空间!

图 4-24 新建筑的实验场——迪拜

图 4-25 80 后、90 后、00 后——新的未来世界城市图景一定异趣于我们对当下城市的审美情致!

间、动态空间、混沌空间——后现代城市空间（图4-24）！

城市公共生活空间正在加速重构，我们颠覆了古典城市！

我们建构的经典、追逐的时尚，是否有恒久价值！谁又会颠覆我们？

80后、90后，00后——新的未来世界城市图景，一定异趣于我们对当下城市的审美情致（图4-25）！

超越前人，城市应建构"新生活"。

关爱未来，城市应包容"新生活"。

当下，"新生活"建构，是我们的责任与担当。

新媒介生存
New media survival

啊啊！我眼前来了的滚滚的洪涛哟！

啊啊！不断的毁坏，不断的创造，不断的努力哟！

啊啊！力哟！力哟！

力的绘画，力的舞蹈，力的音乐，力的诗歌，力的Rhythm哟！

——郭沫若《立在地球边上放号》

图 4-26 新媒介渗透

基于互联网的各种新媒介技术已形成对社会文化生态的全方位渗透，"新媒介生存"成为不可逆转的方向

科技已成为改变城市社会的魔法力量。凯文·凯利在《失去控制》中写道：原子已成为过去。21世纪科学的标志是动态网络。这一网络是用来表达所有循环运作，所有人类智慧，所有互相依存，所有经济的、社会的和生态的事物，所有资讯交流，所有民主，所有群体，所有大的体系展示出来的原型。

新媒介与文化

基于互联网的各种新媒介技术已形成对社会文化生态的全方位渗透,"新媒介生存"成为不可逆转的方向(图4-26)。

比尔·盖茨曾写道:"我相信我们正在进入一个软件将会完全颠覆我们所做的所有事情的时代。不断增长的处理能力、存储、网络和图像让我们可以想象和创造在何设备。但是软件的魔法让所有这些设备联系在一起,形成一个无缝的完整体,让它们成为我们日常生活中不可或缺的部分"。

学习、工作、社交、娱乐、购物等各类行为均程度不同地与网络连接在一起,手机已经跃升为最常使用的上网设备。

各种文化类型汇聚于网络,因网络而生存传播,不再限于区域性,甚至超越国界、种族等边界,当代世界呈现出因趣结缘的"新部落"倾向。

互联网既是工具性平台,从中获取信息、辅助学习以及社交沟通;又是表达性平台,可以尽情发泄情绪、展现自我;还是创造性平台,经由重构信息、协同合作,持续不断地创造网络流行文化,其中所蕴含的生活方式,产生的文化冲击,已经对当代社会和文化产生了不可忽视的影响。

新媒介技术将信息生产和传播的主导权交还给个人,从而赋予了年轻一代借由新媒介技术的使用而创造出不同于父辈文化的新文化,通过改变互联网的文化生态,进而影响整个社会。

新媒介技术以文字、数据、图像技术为基础,创建了一个互动、仿真的世界,一个不同于以往的世界。在这样的世界中,懂技术者得天下(图4-27)。

今天的人已经不再需要从家庭、单位、学校等传统渠道发现他们的身份和价值,新媒介技术深刻影响了年轻一代的身份建构。被称为"数字原住民"的"90后"和"00后",对新媒介的熟练使用推动整个社会在技术层面发生了转向:即技术经验不再是长辈传授给晚辈，而是晚辈"反哺"给长辈。

新媒介情境下的文化活动，很大程度上正是处于新媒介技术所建构的各种场景，马克·波斯特在《第二媒介时代》中写道，"网络空间，种种聚会处、工作区、电子咖啡屋等空间中大量传输着各种图像及文字，以至这些空间变成交往关系的场所"，网上的社区、语言符号方式成为青少年寻求认同的力量，成为当代世界中变幻不定的魔方。

新媒介最重要的意义不在于迅捷传递海量信息，而在于能为社会各类群体提供创造、传播自身文化的平台，为人们组建志同道合的"朋友圈"、寻求身份归属和认同，构筑新的社交部落（图4-28）。

互联网和移动互联网全面改变了当代人的生活方式，从具体的信息获取方式到形而上的价值取向，从休闲娱乐到审美体验等，既是发现自我的方式，也是表达自我的需要，是当代人特别是年轻一代整体生活方式最重要的构成部分。

新媒介与空间

我们越来越多地通过移动数字工具或数字屏幕体验不同的城市，这表面上是操作层面的事情，而实际上这种新媒介对推动未来更加个性化、自由化的城市社会有重要贡献。新媒介正在大幅度地改变我们的日常城市生活，同时也改变了我们如何体验

图 4-27　新媒介世界
新媒介技术以文字、数据、图像技术为基础，创建了一个互动、仿真的世界，一个不同于以往的世界。在这样的世界中，懂技术者得天下

图 4-28　新媒介认同
新媒介最重要的意义不在于迅捷传递海量信息，而在于能为社会各类群体提供创造、传播自身文化的平台，为人们组建志同道合的"朋友圈"、寻求身份归属和认同，构筑新的社交部落

图 4-29　新媒介空间
布满移动数字媒介的城市基础设施为城市居民组织起了更加高效便利的城市生活

身边的城市环境。

新媒介技术允许使用者超越空间界限并以虚拟方式出现在某一空间，使用者身体所处的空间位置可以忽略不计。传统城市空间失去了它最重要的功能：接触和交流主要发生在媒介网络中，而不是物理公共空间里。这使当代城市物理公共空间面临新的哲学课题。

新媒介深刻影响着城市公共空间的发展。由于新媒介，任何一个"在某个空间内"的人都不一定会自动地成为其中的一部分。智能手机媒介改变了关于城市内某一地点的体验，人们通过"剪切"和"粘贴"形成自己的城市。

我们正处于新媒介技术革命之中，无限可能的新技术媒介已经成为城市生活不可或缺的一部分。随着智能手机的兴起，我们更能了解和感知城市。同时，大量利用作为智能城市一部分的传感器，我们可以清晰地感受到城市的"脉搏"，作为新媒介涌现的结果：智能手机、导航系统、传感器逐渐成为日常生活的一部分，布满移动数字媒介的城市基础设施为城市居民组织起了更加高效便利的城市生活（图4-29）。这样的城市比以前更像有机体而不是机器。

旧世界和新世界之间的巨大鸿沟就在于从物质和能源世界向数据和信息世界的过渡。从某种程度上说，新世界的城市社会很可能与旧世界完全不同。

我们必须与传统的城市物理公共空间概念保持距离，设计师要站在新媒介技术革命和日常生活之间。城市空间的创造不再只依托传统设计模式，而是在物质空间和新媒介干预下市民日常生活重叠和协同的结果！

消费至上
ABOUT CONSUMERISM SUPREMACY

消费造就了城市化生活，塑造了新的当代城市文化。

随着经济发展，社会进入消费时代。过去的奢侈品由于生产效率和技术的进步正不断升级而成为必需品，同时超前消费的生活方式和享乐主义的价值观在当代社会盛行；而电视、网络、广告等大众媒体的发展又为消费热潮提供了舆论引导。消费时代是一个使人充满欲望的，并不断鼓励和激发欲望的时代，它强调花销、满足欲望和追求享乐。因为只有不断消费，加快生产循环，才能实现经济增长，实现个人价值。在消费时代，"不仅购物活动里融

图4-30 在消费时代，"不仅购物活动里融入了各种事件成分，而且各种事件最终都融汇成了购物活动"，购物既是一种最重要的消费形式，也是消费的主要内容，购物生活正成为城市不可缺少的部分——购物环境真正成了定义现代城市空间的重要元素

入了各种事件成分，而且各种事件最终都融汇成了购物活动"[1]，购物既是一种最重要的消费形式，又是消费的主要内容，购物生活正成为城市不可缺少的部分——购物环境真正成了定义现代城市空间的重要元素（图4-30）。

随着当代城市经济的发展和物质匮乏的消除，都市产品的生产量已大于人们日常生活所需，为能继续发展，只有刺激消费的循环才能"制造"出更多需要，以维持产出和所需的平衡。社会经济结构中心逐步从生产转向消费，走向以消费为中心的时代。消费成为一种集体性的和主体性的行为，随之而来的是对消费文化的认同，消费成为一种价值系统，消费主义的逻辑甚至成为决定社会生活空间的逻辑。

消费空间属于当代社会环境的一个类别，它由物质围合分隔而成，装载着物质消费品并为消费活动使用。

消费空间，简单地说就是容纳消费活动的场所，广义地说，所有产生公共性的商品或服务的营销活动空间都可算作消费空间。它与商业空间的区别在于：

图4-31 消费空间除了包含商业空间外，还包含娱乐空间、休闲空间——消费空间的概念可以包含一切公共发生的消费行为的空间

图4-32 迪拜购物机场

消费空间除了包含商业空间外，还包含娱乐空间、休闲空间——消费空间的概念可以包含一切公共发生的消费行为的空间（图 4-31）。

城市空间的消费空间化

购物活动已经渗透甚至重置了现代城市生活的方方面面；从市中心、主要街道、居住社区到飞机场、医院、学校、博物馆都有购物活动涉足。当代城市空间已经在迅速消费空间化。

"飞机场＝购物中心　教堂＝购物中心"

"政府＝购物　教育＝购物　博物馆＝购物　军事＝购物"

这些看似荒谬的等式直接呈现在人们面前，两种毫不相干的使用空间用等号直接相连，被库哈斯认为是同一性质的空间。

当代社会大量的数据及图片资料告诉我们这是一个客观的现象。为了获得更大的商业价值，购物中心总是不断地演进，人们在其中越来越舒适，久而久之，购物中心成为一种具有特质的空间。现代购物中心，这种流行的、平淡无奇的但功能性很强的建筑属于大卫·哈维所说的"新都市空间"，他认为在 20 世纪八九十年代出现了都市发展的特征性场所，如郊区的超大市场（大卖场）、商业购物中心，这些场所和设施在都市生活中占据了新的显著位置，自动扶梯、空调、人工的采光、人工的自然、巨大的室内空间等都成为购物中心所特有的标志性工具。购物的内涵进一步扩大，成为人们生活中一种公共空间的活动（图 4-32）。

这些无所不在的消费空间必定影响着人们对城市的体验。只有通过研究消费的空间、人群、技术和理念，通过分析购物行为如何更新着城市经济空间，才能解析当代城市。在 21 世纪的今天，可以说没有作为解码的"购物"，就很难真正读取城市。

今天"不管你是否同意，购物活动已经成为我们体验公共生活的仅存方式之一"（图 4-33）。[2] 购物行为是日常生活的基础，它被不断革新和重塑，以保持对社会变化的敏捷回应。因为市场竞争使它时时受到"过时"的威胁,"购物"总是不得不用新科技使自身充满吸引力,这种购物行为的自主更新特征使消费空间表现出两种发展趋势:一是Mall、百货店等商业建筑规模和功能越来越大而全;二是公共空间的重构:博物馆、机场、学校等公共机构由于政府不再提供经济支持,导致这些机构的商业化。这些倾向使购物活动越来越综合化,渐渐渗透入公共空间,消费空间已渗透在城市概念里,城市很难与购物行为分开。

图4-33 今天"不管你是否同意,购物活动已经成为我们体验公共生活的仅存方式之一"

研究消费空间可以运用生态学的方法,因为购物者穿行在商店间寻找食物、衣着和玩具就像动物搜寻猎物,是一种有机的生命活动,是能展现旺盛生命力的生活行为。[3]

城市生活的消费生活形态化

人们的购物可作为一种生活状态来理解。购物不仅是为了获取商品,还是为了放松、散步等。

英国购物中心协会(BCSC)2001年的一份调查报告表明,英国的劳动力中每5人中就有1人在零售行业工作。[4]人们已经认识到城市活力和吸引力对城市经济的发展有着重大的影响,而零售商业对此发挥着重要作用,现在许多西方城市开始设法复兴零售商业。人们发现,零售商业和娱乐设施形成的商业街这一类消费空间是城市空间结构中最有活力的地方,通常也成为都市旅游必到的地方。尤其是当零售商业的复兴

图4-34 在这里商业成为一种重要的城市生活形态。作为一种重要的城市生活形态,是城市化的必要条件,消费造就了城市化生活,塑造了新的当代城市文化

和步行化建设相结合时，更能够起到相互促进以激发地区活力的作用（图 4-34）。

体验消费成为商业消费活动中越来越重要的内容。传统的消费中把购物作为主要目的，逛街的目的是要完成购物的计划，而当代越来越多的消费行为不带有明确的购物目的（图 4-35）。逛街行为可能并未购物，但是仍然进行了消费，比如，在茶座、冷饮店、酒吧的消费；在网吧、影院、游乐园甚至主题公园的消费；参与抽奖、表演、杂耍的消费。这一类的

图 4-35　体验消费成为商业消费活动中越来越重要的内容。传统的消费中把购物作为主要目的，逛街的目的是要完成购物的计划，而当代越来越多的消费行为不带有明确的购物目的

体验消费虽然不可能取代购物消费而成为主流，但其需求推动了娱乐、表演、餐饮类服务成为购物消费的重要补充形式。体验消费所带来的人气是购物消费的重要支撑。另外，体验消费设施的水平往往标志着一座大型综合商业设施的整体水平与吸引力。

由于体验消费不断随时尚变化，商业设施形式也在不断更新，新型的综合商业几乎无一例外地结合了餐饮服务，大型的购物中庭结合促销及展示活动成为城市空间组织的新形式，甚至有些商业广场把城市的文化活动与集会功能也纳入进来。

另外，女性消费者在消费空间的发展历史中一直扮演着特殊角色，"随着女性在社会中地位的提高和购物活动越来越成为公众生活的主角，公共空间的组成直接、间接地受到女性消费者和购物活动互动关系的影响"。[5]

当前，我们面临这样一个事实：虽然当代城市经济空间在迅速消费空间化，但由于长期的传统观念和计划经济的痕迹，我国消费空间的发展还远远不尽如人意，购物活动的存在价值没有得到应有的重视，忽视了购物作为现代城市发展潜在动力的作用；即使盲目地接受了购物活动，却没能深入地抓住它激发城市生活的内在逻辑。在执着于英雄主义追求的当代建筑精英和建筑教育家眼里，消费空间似乎总处于这些建筑界呼风唤雨

的精英们的视野盲区,发展消费空间,首先要消除所谓的文化精英对大众文化的排斥(图4-36),才能让消费空间在城市空间中得到淋漓尽致的彰显。

消费空间,城市空间中最为活跃的部分,城市生活中的革新因子。对消费空间的建构不能仅停留在商业地产和标志建筑阶段,还需要通过研究消费的空间、人群、技术和观念,分析消费行为特征,引导城市生活的消费生活形态化向有利于城市公共空间持续活力的形成方向发展。

消费生活塑造城市风格,同时也构筑市民生活。可以这么认为:当代城市空间形态呈现为一种消费生活形态。

图 4-36　长沙文和友

不夜城
24-HOUR CITY

远远的街灯明了／好像闪着无数的明星

天上的明星现了／好像点着无数的街灯

我想那缥缈的空中／定然有美丽的街市

街市上陈列着一些物品／定然是世上没有的珍奇

——郭沫若《天上的街市》（图4-37）

图4-37 天上的街市

当代城市生活，处于一种后现代文化状态。当代人在后现代文化的关照下成长，在网络化、信息化的状态下生活。夜生活延长了现代人的寿命，使当代人的生活完全异趣于以往任何时代。

全时性城市是当代城市繁华的象征。一个有活力的城市应该是24小时城市，城市夜环境的塑造是形成24小时城市的关键所在，生活、工作、商业功能的混合是形成24小时城市公共生活连续性的重要手段。

克里斯托弗·亚历山大在《建筑模式语言》一书的模式33中，专门分析了城市"夜生活"，他认为"城镇的夜晚别有一番情趣"，所以人们乐意在夜晚出门，"一个晚间活动中心，尤其是当灯火通明时，就成为吸引这些人的集中点了。数个小而分散的夜生活中心相映成趣，围在广场四周的各种服务机构使广场呈现出一派喜气洋洋的气氛"。那里灯光明亮，人们就会兴致勃勃地去消磨时光（图4-38）。

图4-38 夜间城市具有日间城市既类似又截然有别的特征。夜间城市可以隐藏掉一切，也可以重新创造一个崭新的生活空间

夜间城市可以通过特定的手段——灯光的运用，与城市其他元素组合起来，创造具有魅力的城市夜环境。由于所涉及时间段的差异，它所产生的形象效果与日间完全不同。白天的自然光具有较强的稳定性、单一性和不可选择性；而夜间，由于我们可以自由地

选择光源、灯具照明手法和控制手法，所以夜间的光线具有高度的灵活性和主观性，夜间人工光对城市的景观可以起到决定性作用。因此赋予人们控制照明对象的可能性，通过适当的照明手段，我们可以有选择性地让某些部位亮起来而忽略掉其他某些部位，而日间城市则极少有这种选择性。

随着城市生活的发展，单一的功能性照明和造型精美的灯具已经不能满足夜间城市生活的需要。夜环境设计的核心不是简单的亮化问题，也不是所谓的城市美化问题，而是在夜间这一时间概念下，在已有城市形态的基础上，对城市中人们生活的组织和对城市空间的组织与设计。它是对城市设计在时间上的补充调整，其核心是强调整体内部的联系与相互作用，在不影响日间城市使用的前提下，使夜环境最大限度地满足人们的需要，令夜间城市充满活力，进入良性发展。

当代多元化社会生活中夜生活已经成为重要内容，通过夜间灯光环境塑造，吸引市民走出家门参与各种交流活动。城市亮化可以产生视觉愉悦感。在视觉上传递给人们某种信息，从而激起他们的美学兴趣。通过灯光的各种组合变化，能够激起人们的视觉兴奋感，同时增加城市的"可读性"。人们在灯光的夜环境中感到安全，容易产生放心和舒适的感觉，这种被认同的场所感受保证人们夜间公共活动的持续发生。良好的照明能提供行为激发动力，例如，颜色丰富、变幻、突出的灯光能让行人停留、购物，灯光布置有围合感，与休息行为结合，有重点照明的，能够吸引人们休憩、交流、表演等。城市亮化是增加城市可识别性的重要途径。在夜间明亮的地方最容易引起人们的注意，所以要将光更多地投入这种积极空间中去。在城市夜环境发展较好的国家，城市的整体夜环境中灯光主要投射到街道和人群活动的环境中去。对建筑的表现也大多采用主体内透光形式，建筑底层相应提高亮度，展现人在活动空间的活动。城市夜景中点点灯光从一栋栋的建筑中透出，令人联想起到楼宇内部人们的活动，暗示着建筑与城市在晚间的活力（图4-39）。

图 4-39 城市之夜
夜晚到处都是高悬的广告牌、眩目的霓虹灯光，以及充满商业诱惑的文化图像。夜间形象已成为展示城市特质、产生城市魅力的重要方面

"不夜"城市的塑造关键在于都市夜生活的营造。夜生活是城市文化的重要领域，其丰富程度是都市繁华程度的形象体现。北宋的京城汴梁曾是一座喧闹繁华的不夜城，正如宋代孟元老在《东京梦华录》所记载，在中秋之夜，"贵家结饰台榭，民间争占酒楼玩月"，儿童"连宵嬉戏"。香港、东京、巴黎、纽约等都市莫不以夜生活的繁闹而成为城市的一道独特风景线。夜生活是都市百业兴旺的必然，也是太平盛世的标志。

城市功能随昼夜更替而产生一系列变化。由于白天工作繁忙，人们的休闲活动大多集中在晚间进行。因此，城市夜晚应为市民提供更多的娱乐休憩服务方面的机能：购物、散步休闲、文化娱乐等（图4-40）。有活力的城市夜环境必须解决繁多的功能问题，以满足不同层次、文化、职业、年龄的人群对夜生活的需要。

克里斯托弗·亚历山大在《建筑模式语言》中主张的夜生活模式是:"要把晚间营业的酒店、娱乐场所和服务机构同旅馆、酒吧间,以及通宵达旦的餐车式饭店连接在一起,以便形成夜生活的活动中心,那里是:灯火通明,安全舒适,生动活泼,兴高采烈。这样就可把夜里外出的游人都吸引到该城镇内寥寥可数的几个夜间活动场所去,从而增加夜间行人活动的热烈气氛。鼓励这些夜生活活动中心均匀地分布在整个城镇。"除此之外,还与城市社区、商业场所、地方市政、街头舞会等城市模式语言相连接。城市夜环境的设计应将它们依据一定的秩序组织在一起,最终形成网络似的夜间城市环境整体。这种网络的意义在于令各环节相互关联并支持,各个环节相互触发并最终构成整体。

图 4-40 有活力的城市夜环境必须解决繁多的功能问题,以满足不同层次、文化、职业、年龄的人群对夜生活的需要

图 4-41 白天是工作的城市、效率的城市、理性的城市;人在夜晚更具有生活性,夜晚的城市是生活的城市、感性的城市

城市夜环境系统各层次组成部分通过集中,形成一种相互维持的组合。无论是活动中心、散步场所还是夜生活相关的各个场所,都不能是散落的,对市民行为的研究表明,市民偏好到人群较集中的场所中去,将这种场所集中,才能把人们聚集在一起。这样更容易形成活动场所的特色,令人们的交往活动更加活跃。这种集中还有以下的考虑:人

们往往更愿意在夜间出门，因为夜间的城市更有情趣。许多人闭门不出主要有三个原因：一是散落的场所不能形成足够的吸引力；二是本身并不想去特定的设施（音乐厅、购物中心等），只是随便逛街；三是分散的，照明等级低的场所不安全。如果一个场所能够提供这样的环境：有较集中的活动点（如聚集着影院、茶座等设施的场所），或者有较集中的人群，或者有能够吸引人的地方（如良好的自然景观），并且这些地点具备一定照明的等级，那么它将是一个人们愿意考虑的夜间活动场所。选择集中的另一个因素是活动设施的相互支持。各种活动设施集中在一起是不够的，并不是集中在一起的设施就能满足人们的需要，必须让它们相互支持，协同发挥作用，才能体现系统整体大于局部之和的能力。这样的组合有很多，例如：一个电影院、一个餐厅、一个酒吧间和一个书店或者旅店、一个酒吧间、一个小演出场和一个保龄球场或台球场。它们组织在一起就会相互支持，产生夜间区域内的活力。

夜间形象的塑造能为夜间活动提供舞台。夜晚的城市最能体现舞台效果，夜晚的城市本身作为暗色背景，需要成为视觉趣味中心的地方自然就可设计成视觉焦点，通过夜间城市空间明与暗的设计可以成为激发人们夜间行为的动力。

具有繁荣都市夜生活的夜间城市有如一个感性的舞台，在公共生活中不需要的或想忽略的都可以隐去，想夸张的、想成为焦点的都可以尽情点缀；因而隐秘中有一种暧昧和私语，明亮中有一股激情与张力；这正是城市"舞台"的直观形象。

白天是工作的城市、效率的城市、理性的城市；人在夜晚更具有生活性，夜晚的城市是生活的城市、感性的城市。白天有活力的城市不一定晚上会有活力。但是，一个夜晚有活力的城市往往就可以称之为有活力的城市（图4-41）。

边界与跨界
BORDER AND CROSS-BORDER

边界

（1）聚落的消失——城市新区居住区边界的"墙化"现象

当下中国，"自我封闭中心"在新城中随处可见；同时，改革开放前以"大院"为主的单位居住形式影响至今，单位作为一种中国社会的传统行为和传统文化的积淀现象不可能一挥而去，它在居住社区这一层面上表现出特有的生命力。当前新区的居住区建设，往往不注意与城市空间的关系，而只关注内在功能的满足，与周边城市环境常常用围墙加以分隔，或绕

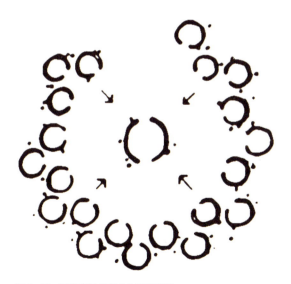

图 4-42 西安半坡仰韶文化聚落遗址

居住区用地以实体建筑裙房即另一种"实墙"的形式分离内与外，这种居住区边界"墙"化的倾向以及由此导致的城市公共空间失落的问题，是我们当前新城区居住区建设所面临的主要问题。

日本著名建筑师原广司认为"所有的城市与聚落都是住居的延伸，住居的集合就是城市，就是聚落"。[1]因此要解决新城区居住区建设所面临的主要问题，我们有必要重温聚落的特质，回到居住的起点，去寻找解决之道。

聚落是人类最初的生存空间形式，它的形成是人类追求最适合生存环境的结果，虽然经过几千年的发展和演化，其形式已发生了巨大的变化，但是其对边界强调的特征在今天仍存在着积极作用（图4-42）。

（2）聚落的重要特性——边界效应

根据生态学原理："由于交错区生境条件的特殊性、异质性和不稳定性，使得毗邻群落的生物可能聚集在这一交错区域中，不但增大了交错区中物种的多样性和种群密度，而且增大了某些生物物种的活力和生产力，这一现象称为边界效应"。

各系统间的这种能量、物质和信息关联都是通过它们之间的边界产生的，因而对各系统间边界的关注就是对各系统整体性与联系性的关注。这一现象也同样发生在建筑与居住区以及建筑与城市的关系上，作为更小子系统的建筑要与作为母系统的居住区与城市发生关系，就必然同时具有居住区属性和城市属性。同样这种关联也是通过边界产生的（图4-43）。

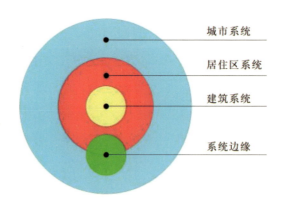

图4-43 边界效应原理

边界的特性

①形式的双向围合性

从存在的位置看，居住区的边界既是其自身的边界，又是城市空间的边界。因此，为了围合居住区的中心同时又能限定积极的城市空间，边界的形式必然表现为双向的围合性。

②形式的双向展示性

信息时代，展示信息本身就是建筑的内容。居住区边界的建筑作为联系与分隔居住区与城市的存在，必然要在形式上表现为双向展示性。"人在空间中活动，却在界面上徘徊。需要庇护所的躯壳防护，也需要庇护所外的大千世界，渴望外界证实自己的存在"。[2] 作为边界的建筑既是一处面向城市街道展开的"舞台"（建筑的实墙、门窗及平台上的绿化也就成为舞台上的真实布景），又是一处面向居住区的"生活舞台"，这里平常正是居住区里的居民集中活动的场所，在平台上来来往往的居民，都是舞台上的主角，在这里共同演绎一出出活生生的"舞台剧"，并将发生的"故事"展示给外面的过往行人。

③功能的双向服务性

"中国古代生存环境的理想状态是由'墙'构成的全封闭空间，但现实状态则是大半封闭的，这主要是由于地理环境以及人的行为等综合因素造成的"。[3] 可见边界从一开始就因为使用的影响（例如交通、商业和防御的要求）而表现出对内对外功能的复合性。

④尺度的双层性

与居住区边界的复合性相对应，其尺度也应表现为双层性，既具有与城市相对应的城市尺度，又具有与内部居住相适应的生活尺度。现代城市空间由两种尺度的空间所组成，一种是与汽车相对应的城市尺度；另一种是与步行相对应的人性尺度。前者是为了适应在城市道路中快速运动的车中人对城市认知、定向的需要；后者则是为了适应在城市公共空间中人们相互交往对城市空间的需要。

⑤界面的"膜"效应

界面是边界概念的一种形象化表达,是指不同空间质地交接的面,界面存在的首要意义是为了保持其两边空间质地的差异。

界面的膜效应(membranate effect)亦可称选择透过性(permselectivity),即滤过作用。

选择透过作用在自然界中普遍存在,它是细胞的外界面——细胞膜的基本性质,也就是说,选择透过性是一切生命都包含的固有属性。细胞以细胞膜为界把原生的生命物质与混沌一片的无机自然环境划分开来,从而形成了与外界自然相对立的生命内环境,开启了一个生生不息的新世界。然而细胞膜并不是一堵不可穿透的铜墙铁壁,它是具有选择性及可渗性的活性膜,通过与外界的物质及能量交换,它把生命机体与外界环境统一起来了。细胞膜的"阻隔性"表现为细胞的"封闭性","无"封闭性"就不足以成"体",因此"封闭性"是生命体形成的首要前提。细胞膜的"可渗透性"表现为细胞的"开放性","开放性"是机体与外界保持联系的前提,不开放就不存在物质与能量的代谢交换,就不足以成"活",因此"开放性"是生命机体存在的必要条件。

⑥边界的活力效应

心理学家德克·德·乔格(Derk de Joge)指出:森林、海滩、树丛、林中空地等的边界都是人们喜爱逗留的区域,而开敞的旷野或滩涂则无人光顾,除非边界区已人满为患。城市空间居住区的边界中同样具有这种现象。受欢迎的逗留区域一般是沿建筑立面的地区和一个空间与另一个空间的过渡区。边界区域之所以受到青睐,显然是因为处于空间的边界为观察空间提供了最佳条件。另外,处于森林边界或背靠建筑物的立面有助于个人或团体与他人保持距离,这样一来,既可以看清一切,自己又暴露得不多。边界作为逗留的场所在实际上和心理上都有许多显而易见的优点。通常,人们的活动总是从内部和朝向公共空间中心的边界发展起来的。克里斯托弗·亚历山大在他的《建筑模式语言》一书中,总结了边界效应和边界区域的经验:"如果边界不复存在,那么空间就决不会富有生气"。

⑦对"中心"的维护性

世界上任何系统都有核心的部分、中枢的部分、最浓缩最集中表达的部分。任何系统都是由许多局部组成的一个整体,而这个整体总有其"中心",即"核心"。人的组织社会也有其核心成员,没有中心的组织或结构将是离散的、不确定的。对于城市、居住区和建筑而言,中心是某种社会内聚力在物质空间上的体现。围绕一个中心空间组织建筑群,也许是人类最早存在的布局形式。深刻而直接地反映着一种社会向心的意念和作为群居的人类的一种原发的心理要求。

正如有细胞膜和细胞核才能构成细胞,城市聚落是组成城市的一个个细胞。如果说边界对应细胞膜,居区中心则可比拟为细胞核。没有边界的维护和整合能力,就不存在有"中心","中心"因"边界"而存在;有"边界"的强化,"中心"自然会突显出来。

跨界

一种活力状态,一种开放姿态!

宇宙的演进是一种"跨界"过程。2011年,诺贝尔物理学奖颁给了三位美国科学家,以表彰他们"通过超新星发现宇宙不断加速膨胀"的规律。正是这一膨胀跨界过程产生了太阳与地球,产生了人(图4-44)!

从东方到西方,从传统到现代,具有开拓性和启迪智慧的先驱人物大多学识广博、眼界开阔。

跨界的价值,就是让原本毫不相干甚至矛盾、对立的元素擦出灵感火花和奇妙创意——剑走偏锋、惊世骇俗!

艺术家的行为往往是一场跨界秀。莫奈的《日出·印象》与光谱分析学有何种关系

图4-44 宇宙

(图4-45)？克莱因的行为艺术与恶作剧有什么不同？萨尔瓦多·达利的"魔幻超现实主义"作品与精神病呓有何差异？

当下,跨界在艺术家的尝试之下正开展得如火如荼,前卫和实验性视觉作品不断出现,围绕软件、游戏、移动影像、网络等新的视觉承载体,创造了视觉传达的多种临界性、正式性或实验性,我们对艺术探索能力的理解不断刷新!

"田园城市"之父埃比尼泽·霍华德,在百度上搜索到的身份是"英国社会活动家、记者"!经典建筑学的奠基之作维特鲁威的《建筑十书》通篇主要谈的是工程与机械!勒·柯布西耶毕业于钟表技术学校,他的处子秀是一个手表设计奖,而他本人却成为现代主义建筑无法逾越的巅峰(图4-46)!

《西游记》也可解读为孙悟空等跨界的历炼！孙悟空为保护唐僧免受妖魔侵害，给只会念佛的唐僧画了一个圈，让唐僧在边界内千万别跨界！对他自己而言，解除头上的金箍圈成为前往西天取经的真正动因！为了挣脱这个圈，他穿越国界、鬼界、魔界，终于抵达西天佛界，跨界的奋争，使这只猴变为人，成了佛！

边界，在生态学意义上，是最活跃的地带，是生物能量交换的一种"可选择透过性"的"膜"界面，边界的能量交换最活跃！

在传统建筑学问题域已被千百年不断深掘的今天，拓展边界成为建筑学的基本指向！数字技术、材料技术、政治经济学等成为未来横向兼容的重要路径！跨界，是当代建筑学的发展之道！

当代社会，各领域间的身份认同、混杂、流亡离散，乃至相互交织所形成的复杂性与多元性，以及各领域间的互补、协同作用，为我们提供了更多思考的契机，带来重大的挑战与机遇！依托建筑与艺术核心价值体系，凭借勇气与魄力，不断超越疆界（图4-47）！

跨界，成为一种攻城掠地、成吉思汗式的征战！一种开拓疆土的横向视域！

图4-45　莫奈《日出·印象》

图4-46　勒·柯布西耶

图4-47　上海世博会建筑

走出惯常经验的、陌生的边界寻求个人方式表达的空间，没有模式，没有系统，只有未知的可能性在等待我们！

跨界，一种浪漫，一种"可上九天揽月，可下五洋捉鳖"的豪情！

跨界，一种兼容——有容，乃大！

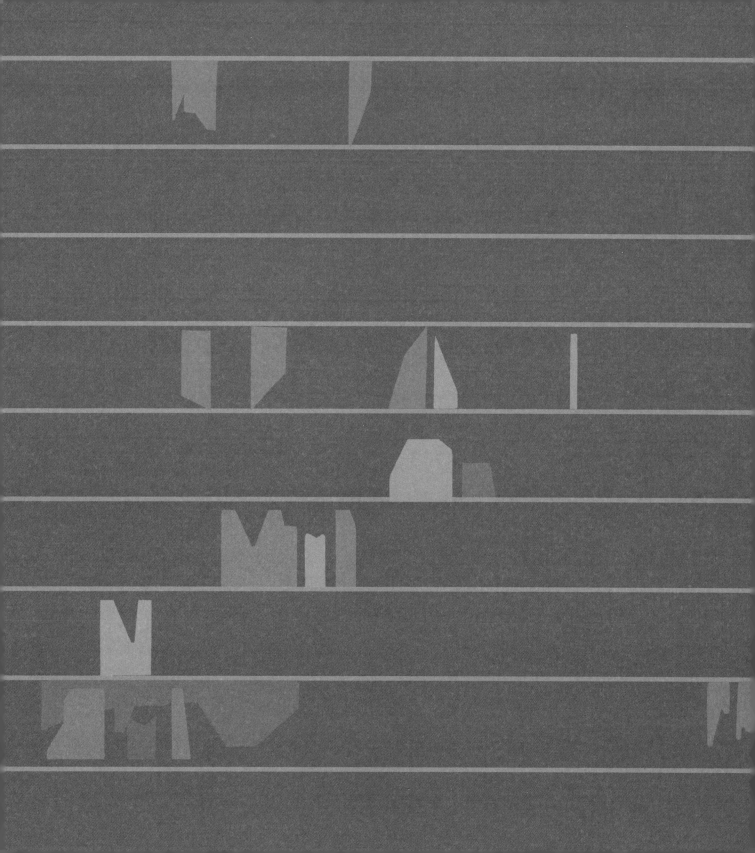

CITY COLLATERALS
城市经络

城与市　　CITY AND MARKETS

『杂』谈　　ABOUT HYBRIDITY

虚实之间　　SOMETHING FOR NOTHING

新城病　　NEW CITY ISSUE

故事『容器』　　STORIES CONTAINER

二维中国　　2D CHINA

城与市
CITY AND MARKETS

城市（图5-1）

城市规划学家凯文·林奇认为："城市可以被看作一个故事、一个反映人群关系的图示、一个整体分散并存的空间、一个物质作用的领域、一个相关决策的系列或者一个充满矛盾的领域"。[1]

城市经济学家K.J.巴顿认为："城市是一个坐落在有限空间地区内的各种经济市场——住房、劳动力、土地、运输等——相互交织在一起的网状系统"。[2]

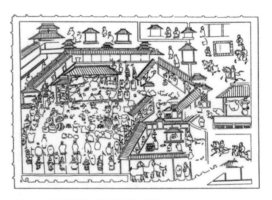

图5-1 汉代画像砖所显示的"城与市"

城市历史学家刘易斯·芒福德认为："古代城市在形成的时候，把人类社会生活的许多分散的机构集中在一起，并围困在城墙之内，促进它们的相互作用和融合过程……

而新的城市综合体又能促使人类的创造能力向各个方向蓬勃发展，城市有效地动员了人力……克服空间和时间的阻隔，加强了社会交往"。[3]

以上城市研究学者们从不同角度表达了一个共同观点：城市的作用就在于用一种力量把各自分散的、没有关联的各个功能凝聚在一起，使之具有特定的功能。而这些功能之间可以相互激发，因为人的聚集会促进各项活动的发展，总之，我们可以认为城市的主要作用就是利用高效的管理聚集各种功能，满足人的需求。

城

城市已有近万年历史。在中国古代，把围绕人群聚落修筑起来的防御设施称之为"城"（图5-2），城市的最初功能表现形式往往是防御野兽和部落争战。人类最早的城市其实具有"国"的意味，具有保卫君主与护卫臣民的意义，这恐怕是城市形成及演变的大致过程。

在城市的发展中一直把防御和控制作为其稳固生长的基础，城市作为一种文明的圣地，王权成为建造城市的绝对需要，谁主宰城市的地域空间就反映了谁对这个城市的权力性，城市始终在人类生活中扮演着护卫和界线的角色。

城市具有某种物质上的，或象征意义上的形态界限，这个界限将城市性与

图5-2 在中国古代，把围绕人群聚落修筑起来的防御设施称为"城"

图5-3 《周易·系辞》记载："日中为市，致天下之民，聚会天下货物。交易而退，各得其所。"

非城市性结构区分开来。J.F. 索伯里在他 1776 年所著的《建筑》一书中写道：没有墙的城市不是城市。即使不存在形态上的界限，城市也会有某种行政上的边界，这是权利和限制得以施行的合法范围。

市

市井：古代社会"市"常与"井"连在一起，除了商业流通意义外，还是具有公共性的场所。市井是"中国商业经济的特定产物，是城市（镇）平民赖以生存的土壤，也是以市场为依托的城市（镇）平民的营生空间"（图 5-3）。[4]

对大多数城市而言，人们最初集聚到城市并非精神和文化上的需求，而是出于经济上的考虑。商品交换和经济发展从一开始就是城市最基本的功能之一。在城市的不断进步与发展过程中，由商业经济活动所衍生的新型社会关系和文化形态以及诚信、公平和遵守游戏规则等一系列道德观念也成为城市品质和城市文化的主要内容之一。因此，一个真正意义上的城市不仅是指具有一定的经济规模，更主要的是拥有高素质的市民阶层和形成了成熟、稳定的商业道德和商业文化。

城市在其完整意义上就是一种地理丛、一种经济组织、一种体制过程、一个社会行为的场所和一种集体统一的审美符号。城市孕育艺术，它本身也是艺术；城市创造剧院，它本身也是剧院。

—— 刘易斯·芒福德

虽然重大政治历史事件在历史进程中起着重要作用，但它们毕竟只占短暂的时间，不能取代历史长河的主流。战争和革命使人印象深刻，和平与渐变却是几代人的生活环境。我们不能仅注意前者，而忽视后者。正如费尔南·勃罗代尔所论述的："历史事件是一次性的，或自以为是独一无二的，杂事则反复发生，经过多次反复而取得一般性，甚至变成结构。它侵入社会的每个层次，在世代相传的生存方式和行为方式上刻下印记。有时候，几桩传闻轶事足以使某盏信号灯点亮，为我们展示某些生活方式……社会各层次的衣、食、住方式绝不是无关紧要的。这些镜头同时显示不同社会的差别和对立，而这些差别和对立并非无关宏旨。整理、重现这些场景是饶有兴趣的事情，我不认为它浅薄无聊。"[5]这是说小事可反映大事，折射大事，甚至可积累成大事，是个相互联系的整体。这个整体就是人类的生活，每日每时、重复而又绝不相同的生活，既有暴风骤雨又能"于无声处听惊雷"的生活。

"城"作为权力性表征，"市"则可代指游戏性！

"城"作为一种护卫、一种边界、一种规范与约束、一种力量的表达！

"市"则作为一种交易、一种生活、一种游戏形制！

"城"——约束，是一种理性的存在；"市"——交易，是一种感性的表达。

"城"与"市"这种语义学上的拆解所呈现的理论意义，将"城市"的本质作了最直接的诠释！

"杂"谈
ABOUT HYBRIDITY

地摊在中国文化上历来难登大雅之堂，商贩走卒从来不入流。

最近"地摊"突然火了，被称为"人间的烟火"，中国的生机。在全国文明城市测评指标中，不再将占道经营、马路市场、流动商贩列为文明城市测评考核内容。认为以前有些城市一味追求环境整治，牺牲了许多小商铺，造成了城市丧失活力。

"地摊"由此上升到"地摊经济"的高度。

地摊触及当代城市治理理念，即城市是否只需要整整齐齐、光鲜亮丽的"面子"；是否也触及公平正义，城市是全体人民生活的聚集地，不应该排斥某些人群的生存。

地摊更触及城市的本质，

图5-4　城市之生命，在杂！

城市之"市"即交易，交易带来多样性，带来"杂"。

城市之生命，在杂（图 5-4）！

杂即混杂，即交叉、渗透、多样；杂是异质体交混，美好城市呈现的就是异质共生的纷繁景象！

城市作为生命体，就是将城市作为人类活动的形式，模拟生命的机制。对于机械来说，部件的作用是完全确定的；而生命体器官的作用则是复合的。即便是细胞与细胞或是神经这样的生命器官，也不完全是物理式的连接，而是具有很多空隙的信息式连接。虽然生命体中存在着空隙，但是在这种空隙内，各种各样的信息键在相互传递保持着联系。

在生命体中拥有很多复杂多余的空隙及场所是以加入多余物为基础而形成的，生命体常常会混入异体，在混入夹杂物或其他生命的情况下生存。靠异质物而维持的生命体，与靠排除杂质而组织起来的机械，有着根本性的区别。这些空隙中的异质物就是联结键，正是与夹杂的异质物的共生，才恰恰表现出了生命体的活力。正是这些"空隙"或"中间领域"暧昧性、不确定性地表现出生命的特质，形成复杂的有机组织形式。

"交混"是杂的表现形式

广义的"交混"包括功能交混、空间交混以及形态风格交混。作为单一功能形态的城市已经过去，人们在城市生活、工作、娱乐、居住的边界变得日益模糊，公共与私密、工作与娱乐的差异不再泾渭分明，将居住、工作、商业、休闲，以及交通等不同性质的空间组合在一起（图 5-5），通过功能交混和空间交混而产生出丰富的城市空间，激发多元的城市生活，从而使城市焕发出活力。

中外成功的城市经验告诉我们，城市需要一定的人口和密度，同时在环境允许的前提下尽可能使不同的功能混合，这种混合不仅是土地使用功能的混合，而且在功能内容的组合上也要考虑城市生活的全时性，即 24 小时都应有连续性的城市生活，今天巴黎、哥本哈根等城市的活力说明了这一点。

一个有活力的城市中心区的精髓在于其功能的多元交混，其中有许多可做可看的事，从白天到夜晚不断吸引人们来此。因此推动市中心经济复苏的基本策略就是为人们制造各种不同的原因或理由到市中心去，并能在那里逗留。

要成为一个经济健全、能自给自足的地区，除了零售商店和餐厅外，还必须包括办公、住宅和娱乐等功能，而且这些用途必须有效地连接在一起。各种使用之间可以彼此提供支援性的服务，其中每个单元都可为其他使用带来顾客和生意。就城市整本发展的目标而言，应鼓励以不同形态的行为活动将各项土地使用串连起来，从而充分发挥多样性市场功能交混的集聚效益。

城市空间混合使用是在城市土地使用规划基础上，占用一个或多个城市街区，将多种城市功能通过水平和垂直交通联系方式组织在一起共同运营，充分利用城市各层面空间，由此建立起的一种组织化形态的混合使用空间。它不仅是建筑物内部

图 5-5 功能交混的城市现代综合体

图 5-6 拼贴城市

在"拼贴城市"理论中，城市形态记载着历史，每个历史时期都在城市中留下自己的痕迹，城市形态是各种历史片断的丰富交织。当现实与历史能够恰当共处时，形成的城市空间最富有魅力，可以共同演绎出具有文化色彩和活力的城市新形象

功能的外化，还应体现城市外部空间形态的要求。由于城市空间混合使用是多层面、多功能、多方位组合的空间使用，因此，比起其他的空间使用方式具有更大的使用效益和灵活性。[1] 城市空间混合使用有四种类型：多层面空间混合使用、多功能混合使用、多时间区段混合使用、多活动层次混合使用。[2]

这些城市空间混合使用类型，往往是几种或多种类型综合而存在于城市中。

形态风格交混源于柯林·罗（Collin Rowe）等提出的"拼贴城市"的城市设计理论。认为城市形态像一幅拼贴起来的画，多元的形态经过不断融合，形成内涵丰富的秩序。"秩序和非秩序、简单与复杂、永恒与偶发的共存，私人与公共的共存，革命与传统的共存，回顾与展望的结合"。正是这种复合交混所形成的丰富性，可以捕捉人们从复杂视觉现象中产生的那种即兴和敏锐的感觉，创造视觉的愉悦和欢愉，激发人们的城市活动而产生城市活力。在高度信息化、图像化的时代，视觉形态的多元混合是顺应时代欲求的重要内容（图5-6）。

形态风格交混既可以是历史样态的复合共存，也可以是建筑装饰的丰富美化。城市中美化与装饰是城市设计的一个职责，所有的开发都应视作有意地装饰城市。城市美化与装饰的首要原则在于将城市开发所涉及的各部分组合为一个充满生气的多元复合体。装饰可以提升场所物质的、社会的和精神的品质，即强化场所的特征。20世纪之前，对于装饰的自觉努力曾是大规模开发的内在组成部分。在20世纪，城市开发中装饰的主导地位已经让位于其他因素（当然也有例外），其中主要是经济利益。正因如此，我们更有必要重新寻找装饰的理性所在。

有关风格交混的装饰手法应主要集中于城市中全步行化或步行占环境主导地位的区段中。在步行商业街中，地面层是最重要的装饰部位。商家的店面是与人们有着最为密切联系的立面元素。拱廊是为购物者提供庇护的最有效且极富装饰效果的方式。拱廊也为由不同零售店组成的形形色色的街道景观带来一种连续性元素（图5-7）。

罗伯特·文丘里曾被喻为建筑后现代主义的代表之一；他赞成建筑风格的交混，提倡建筑本身应该是复杂的、多样的。后现代主义与商品经济和个性的发展之间存在着不可分割的关系，反映了当代城市社会的多元化发展趋势。

世界上许多令人流连忘返的城市，不仅在于它们有优美动人的都市风貌，更在于这些城市为生活于其间的人们提供了一种多样化的空间环境，即具有多种活动内容和使人产生多种体验的空间环境（图5-8），在这些地方，各种文化背景和社会阶层的人们，以不同的方式，在不同的时间，汇集于这样一个丰富多样的环境内，从事各自和相互的活动。多样化的空间环境，伴随着城市自身的运行，形成一股蓬勃的生命力——城市因为功能的交混、空间的交混和形态风格的交混而具有活力。

城市之魅力，在杂！

城市不断生长、积累、沉淀——各种建筑风格，现代、后现代，解构、建构，西洋古典、中国传统……形成纷繁的城市景致，多元的生活样态（图5-9）。

图5-7 风格交混的城市空间

拱廊为购物者提供了庇护性的、最有效且极富装饰效果的方式

图5-8 交混之城

作为单一功能形态的城市已经过去，人们城市生活、工作、娱乐、居住的边界变得日益模糊，公共与私密、工作与娱乐的差异不再泾渭分明，将居住、工作、商业、休闲，以及交通等不同性质的空间组合在一起，通过功能交混和空间交混而产生出丰富的城市空间，激发多元的城市生活

当我们的城市设计者出于效率、安全、卫生、健康等考虑,将城市中的弯曲巷道、多样性建筑甚至沿街摊点通通从城市视域中清除殆尽,城市也就失去了原有的生机与活力。在历史旧区的巷弄中穿行,其间生活的纷繁、亲密的氛围、居民增删改建时体现出的生活智慧及斑驳的生活印记更具拨动心灵的力量。一个在历史中被无数使用者打磨和变动过的都市空间比一个被一次规划设计、一次性建造的空间更有人情味和魅力(图5-10)。

图5-9 城市不断生长、积累、沉淀——多元杂存,现代、后现代……形成纷繁的城市景致、多元的生活样态

图5-10 一个在历史中被无数使用者打磨和变动过的都市空间比一个被一次规划设计、一次性建造的空间更有人情味和魅力

虚实之间
SOMETHING FOR NOTHING

在一个场地中，建筑试图控制空无，而空无同时也在控制着建筑。如果一个建筑想要获得自律和特性，不仅是建筑，空无本身也应具有自身的逻辑。

——安藤忠雄

城市空间的虚拟化（图 5-11）

当今城市空间不仅被无数互相重叠的网络所切分，同时又作为全球网络中的一个组成部分。不断增强的流动性和全球通信技术缩短了人类交往的距离。曾一度作为城市空间思想基础的向心原理开始动摇。城市成为一个非空间的范畴、一个由运输和交流网络所构成的巨大支架，而不只是一个物体的静态组合。

地方的空间由流动的空间所取代，新的经济空间由不对称的网络组成，这种网络实现自己的目标不只依赖

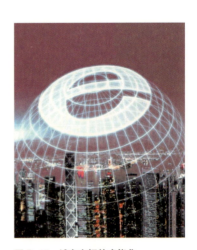

图 5-11　城市空间的虚拟化

于特定的场所。

新型交通系统和通信技术的成功发展、经济的全球化以及资金流动的加速都使空间限定的重要性大大降低。因此，当代大城市景观不再主要由相邻的自然物体构成，而逐渐变成由城市居民自己建立的无形网络系统构成了。

这些网络系统正逐渐将城市之间连接起来，而不再只是通过与城市相邻的区域或临界的国家连接。城市的物质性变得相对虚拟化，这种虚拟化最终会表现出当代城市的新方式。

新兴城市环境可以看成由三个互相重叠的网络构成——即家庭网络、生产网络和消费网络——这些网络都具备各自的空间逻辑。由于这些网络互相重叠，它们在地面上的形态并列或互相渗透。

时间已取代距离成为当代城市景观各个组成部分之间的重要标准。现代运输速度在当前的城市分离进程中起主导作用。最新的运输方式和其他因素的转变（如通信技术、资本流动）结合起来，有助于消除空间局限，使城市环境符合"通过时间消除空间"的过程。

当代城市景观是动力化交通的王国，人们阅读这些连贯的标志以及刺激物的速度取决于他们踩刹车的力度。汽车缩减了不同城市碎片之间的距离，汽车也使现代大都市的景象变成了电影场景。

当代城市似乎要一直扩展下去时，它的核心感开始变得脆弱。

库哈斯在《普通城市》(*The Generic City*)中指出："城市变得越来越像飞机场。而且在这种比喻中，飞机场代表着超本地和超全球的浓缩——超全球指你能在这里买到城里没有的东西，超本地指你能在这里买到其他地方都没有的东西。"这种机场建筑为了实现在经济生活中的中心地位，特别注重流动性、易达性和完善的基础配套设施。

人们频繁地研究计算机虚拟空间组织以及当代大城市景观布局之间的相似性，城市作为一个图表、矩阵和电子数据表的重叠影像逐步取代了 19 世纪和 20 世纪早期的那种把城市比作人的身体一部分或一部机器的隐喻。

当今的公共领域通常不固定在城市（或城市的某一部分）里，它已经转移到了大众传媒的王国中，并且随着全球交流的整体发展蔓延开来。

由于全球信息、资本、商品和人群的频繁流动，在电子空间和城市地域之间产生了一种新的张力，街道、广场、商店、沙龙和俱乐部等物质性的城市区域已经不再是市民发表意见的主要中心地带。

新的交流方法不仅引起了公共领域的虚拟化，而且削弱了个人和社会之间的联系，促进了各种各样的家庭化和与世隔绝状态的出现。

流动空间的出现表达了以位置为基础支配社会的权力和生产组织与社会文化的脱离。甚至民主也无力面对资本的全球流通能力、信息秘密传递的能力、市场被渗透的能力……权力的流动产生了流动的权力，流动权力的物质实现被视为不能预知或控制，只能接受或管理的自然现象。

城市实体环境的网络化（图 5-12）

无论计算机多么诱人，它始终具有局限性，尽管社会经济和文化结构明显分离，建成城市空间的物理条件仍然是城市存在的物质基础，网络化的虚拟世界也不得不适应这种已建成的城市环境。

在当代网络城市图景中，更需要对建成环境城市功能进行重新审视，以实体城市环境的网络化来增加城市生活的活力。

图 5-12 城市实体环境的网络化
网络化可理解为交通的立体网络与水平网络以及立体与水平网络之间的交织；各种交通模式之间应该成为网络状连续。生活空间的步行网络化也是编织丰富城市生活的重要保障

城市功能的网络化是对集约化、复合化、延续化和全时化功能组织方式的综合运用，以地面为基准对城市空间进行水平面和垂直面的综合开发，形成协调有序、立体复合的网络型功能组群。城市功能的网络化是对现代主义城市功能组织模型的发展和修正。网络化的关键在于立体交通网络（含机动交通与步行交通）的建立以及交通网络与各功能单元的多方位连接。

在这里，网络化首先代表了高效、便捷的交通网络，这是现代性城市社会建构的前提。网络化可理解为交通的立体网络与水平网络以及立体与水平网络之间的交织；交通可分为机动车与非机动车以及人行交通，各种交通模式之间应该成为网络状连续。各交通模式间的便捷转换是现代生活的移动性本质所必须的前提。同时，城市的本质是应该创造丰富多样的人性场所，生活空间的步行网络化也是编织丰富城市生活的重要保障。

针对我国城市的高密度现状，营建网络化公共空间系统，即建立大中小相结合的公共空间网络，以满足人们多层次、多样化的需求。这种公共空间网络（尤其在高密度的旧城区）可达到因地制宜、灵活应变的目的，而避免一味追求气派，修建单一孤立的大型广场。这种因地制宜的公共空间网络可以是与商业街道连通的庭院，也可以是街头小广场或小游园，还可以是各种上升或下沉式公共空间等，这些公共空间与人的办公、居住、商业、休闲等紧密渗透和衔接，是渗透于整个城市日常生活的场所，这种大中小组合的网络化公共空间星罗棋布、整体连续，不仅提升了城市整个空间环境，更有利于促进日常生活交往，将人从虚拟的网络世界带入真实的网络化空间。

城市空间的网络化、城市生活的虚拟性与流动性，使当代人呈现出虚实之间的生存状态。

新城病
NEW CITY ISSUE

20世纪90年代以来，我国几乎每个城市都建设了新城区，对原来的城市形态产生强烈冲击，成为城市跳跃扩展的主要载体。摆脱旧城改造的高成本与慢速度，以激进式的新城建设，快速推进城市发展，从而形成新旧两城的城市格局。当代中国，新城往往也成为新一代城市的行政、经济、文化中心。中国新城建设的显著特征是：社会流动性日益复杂，而城市运转系统总是去适应某种已成定式的都市发展模式。

（a）新城状态？　　　　（b）旧城肌理？

图 5-13　新城病

现行的规划设计往往是一种图形式的平面战略，其方法受"重形象、轻经济，重局部，轻整体"的传统思维模式影响，过分强调群体构图和视觉景观效果，缺乏对市场经济机制下的街廓和产权地块层面等城市形态要素特点和规律的深入认识。城市在快速建造中呈现出的这些生长特征，难以避免地染上"新城病"（图 5-13）。

空间——断裂"生"态

城市新区受计划经济模式影响，多在城市主次干道的两侧成线性分布，在宏观形态上形成沿街"一层皮"的特点，而"皮"背后的腹地则是大型单位的居住区、工厂区或办公区。

"小而全"单位制独立大院仍然在城市新区里星罗棋布，成为特定历史条件下中国现代城市空间结构中一个基本用地模式。

尽管城市规划不断受到市场经济的挑战，当代新城仍然系统地体现了规划对城市的塑造。容积率、日照间距、密度、绿地率、退后红线等规划指标对城市形态的形成起了关键作用——阻止城市获得密度，强迫建筑控开距离。

当前一些城市公共空间常常互不关联，城市中的单体建筑大都在突出自己，城市往往成为被建筑物占据后的负空间，公共利益、公共空间没有得到真正关注，城市公共空间因而呈现出片断化倾向。受《雅典宪章》所倡导的功能理性的影响，国内外当代城市建设者及设计者常常把城市机械地割裂为功能区。

在新城区道路的建设过程中，建筑退让等造成道路两厢建筑呈明显的"断裂"现象（图 5-14），如同外科手术后的"伤口"。当前中国一些新城区处于明显的生长期或青春期，是一种未完成态、一种"生"态，而不像巴黎、伦敦等呈现的是一种"熟"态。这有一个发育过程，城市的自组织机会逐渐完成这一过程，是城市生长的必然过程（图 5-15）。

道路——树形等级

新区的道路系统规划在很大程度上沿袭了功能主义的规划思想，即在"大街廓、宽路面"模式下进行道路分级和交通分流。

虽然新区的道路宽度比计划经济时代普遍提高，但在功能和断面设计上依然沿用了现代主义规划的分级和分流概念，形成由城市快速路、主干道、次干道、支路四级道路构成的树形交通体系。

树形交通体系的通行均质性较差，对次干道和支路进行强制分工，有些新区在次干道和支路的规划上，还人为设定多种红线宽度。

新城建设应该冲破计划经济下的大街廓模式，向市场经济下的网格模式靠近。

近代西方殖民模式的城市形态采用严格规划的网格道路体系，中心区成面状发展；道路密度均等，交通可达性和疏散性好；街廓尺度小，地块形状规则，遵循统一的分割模数，城市肌理规整有序，呈现网格型结构；建筑后退控制整齐，街道界面连续，街道尺度亲切宜人等。

这种城市形态结构均质、规整、密致的方格网道路体系，有以下优点：方格网道路体系没有明确的边界限定，可在各个方向自由生长，适应城市规模的弹性发展；密致的街道

图 5-14　在新城区道路的改扩建过程中，建筑退让等造成道路两厢建筑呈明显的"断裂"现象

图 5-15　城市应呈现一种"熟"态，这是城市生长的必然过程

空间可以产生更多的临街店面；规划严整的方格网体系可以保证开发商获得相对均等的地块以及市民拥有趋于公平的区位条件与交通服务。

从城市结构上看，城市街区越小，道路网络就会越密，从一个地方到另一个地方的出行方法就会越多，城市公共性就越强，也就更有助于保持城市活力。

我国有些新区依然保持了粗放布局的城市干道与自发生长的支路叠加的形态特征。这种道路结构很难适应市场经济下城市发展的需要，应该逐步向密集均等的网格型结构转化。

建筑——形态各异

新城建设出于满足道路交叉口安全视距的要求，顺应这种交叉口道路形式，对交叉口处道路红线往往进行45°切角，或倒圆角处理，在交叉口的建筑形象也被设计成45°切角或圆角建筑形状，这是一种公共节点城市设计上的不作为，其实交叉口处建筑完全可做出很好的直角或其他丰富的形状，形成丰富多样的交叉口公共空间形态。

另外，街道和建筑过多采用斜角和曲线，易引起高层建筑空间关系上的混乱无序；如果再加上每个临街建设单元用地的建筑红线退让，造成临街景观容易丧失整体感和连续性。

我国新区的高层建筑裙房部分普遍占地很大，塔楼体量显得相对细瘦，这种"大裙房、小塔楼"的形象可称之为高层建筑的缩水。在中小城市的新区，由于建设规模小，地价相对便宜，高层建筑标准层密度往往规划得更低。

其实，高层建筑裙房占地面积与塔楼标准层面积不宜相差太大，一般在2:1之内，这样的建筑体量上下往往比较顺直，形成的整体感会更强。

总之，当代新城区规划常常呈现出粗放的城市干道与自发生长的支路双重叠加的二元结构形态特征，大街廓——稀路网的道路交通模式，街廓大小不等，地块尺度偏大、自发分割、肌理混乱，建筑形状各异等，均是低分辨率的规划控制模式的体现。

　　应当针对市场经济下土地开发运作的特点，深入研究新城区形态演变的整体规律和动因机制，了解街道街廓格局、空间形态肌理等要素与开发建设的相互影响和制约关系。无论是在新城的初级阶段，还是后期的更新发展阶段，地块的形态、规划、管理、开发始终都保持着很强的秩序性和理性。只有这样，我们才能从源头找到问题的症结，营造出我国新城区健全的空间形态。

故事"容器"
STORIES CONTAINER

事实上,城市就像一个古人和今人共同生活过的大营地,其中许多元素遗留下来如同信号,象征与痕迹,每当假期结束,剩下来空荡的建筑令人生骇,而尘土再度耗蚀了大街。这里存留下来的,仅是用一种特定的执着再继续开始,重新构建元素和道具,以期待下一个假期的来临。

—— 阿尔多·罗西(Aldo Rossi)
一个科学的自述(A Scientific Autobiography)

思想之路不再是冒险,而是回家。

城市首先是一个神话、一个故事、一个能够帮助我们把家园安置在现代性中的讲述。要让城

图 5-16 城市像一个古人和今人共同生活过的大营地,许多元素遗留下来,每个时期的人造环境层层叠叠,构成了城市厚重的不同时期的考古断面

里人走出那些性灵流放的凄凉故事，走出萦绕心头的灰色、多雨的乡下，就要在城市中建立一种如在家中的感觉，把过去与传统变成一个可归依的空间，而不是一个无望的命定。为此，城市就应该成为这样一个场所：在这里，各种各样的历史、语言、回忆和痕迹在新的视野结构中不停地交织和重新组合。

在城市漫长的历史中，建筑与城市空间如同舞台，见证不同事件的演出。当一幕热闹的戏曲结束后，人去楼空，剩下来的仅是容器般的城市元素，城市中的大小事件都在不断成为"故事"，城市中固有建筑与空间形态于是成为"故事"的容器（图5-16）。

城市历史学家刘易斯·芒福德认为："在城市发展的大部分历史阶段中，它作为容器的功能都较作为磁体的功能更重要：因为城市主要还是一个贮藏库、一个保管者和积攒者……城市社会的运动能量，通过城市的公用事业被转化为可贮存的象征形式，从奥古斯特·孔德（Auguste Cote），到W.M.惠勒（W.M.Wheeler）的一系列学者都认为，社会是一种积累性的活动，而城市正是这一活动的器官。"[1]城市是人类物质财富的集中地，人类精神文化的创新地，是人类文化的一个大"容器"。

城市中特定的元素，如钟塔、街面、廊道、广场、牌楼，对人们的意义是超乎表面功能的，它们是市民集体记忆（collective memory）的具体化，是事件的背景、是戏剧舞台的布景或道具（图5-17）。

卡尔维诺在《看不见的城市》[2]中借马可·波罗之口描述了城市与事件相互依存的关系，他认为，城市的生命在于这些过往事件的累积而形成的记忆。这些附着在质感丰盈的城市背景上的故事成为与城市的实质性联结，城市正是依靠这些故事具有质感的细

图5-17 巴黎圣母院

节维持自己生命的征候。

库哈斯作为一个曾经当过新闻记者的建筑师，对于城市形态所包含的历史含义十分敏感，尤其关注与城市现代发展史和特定场所相联系的各种事件和背后体现的各种力量。以柏林为例，库哈斯写道："柏林风光的丰富性在于它那激动人心的历史片断：新古典主义城市、早期现代大都市、纳粹首都、现代主义的试验床、战争的牺牲品、死而复活的拉撒路、冷战英雄等。"城市从本质来说是时间的产物，城市正是在各种大小事件组成的历史中形成了自己的特征。

与现代主义强调纯粹空间形式以及超凡脱俗的个性相反，我们应关注形式背后的东西。街道不仅是供通行用的"动脉"，广场也不仅是为了视觉上的满足，城市形式不能只是一种简单的构图游戏。形式背后蕴含着某种深刻的涵义，涵义由城市事件组成，正是这些城市的丰沛故事赋予城市空间以丰富的意义，才使之成为市民喜爱的"场所"。

莫里斯·哈布瓦赫认为："凭借着对传统价值的执着，昨日的社会以及社会化进程中相继出现的各个时期才得以存续至今。人们有意识加以保护的历史文化遗产（人造环境）构成了我们的传统，几乎任何一部分能被我们加以回忆的过去都成为传统"。

我们要保护的不仅是物质实体，而更重要的是其中的关系与变化过程，通过过去与现在的对话，我们才可以了解过去。荷兰学者凡·艾克认为："在我们看来，过去、现在与未来一定是作为一种连续体而活动于人的内心深处。如若不然，我们所创造的事物就不会具有时间的深度和联想的前景……显然，如果我们不能纵览过去，也就不可能把这样巨大的环境经验组合起来……当今的建筑师们病态地效忠于变化，把它视为一种阻碍、追随、在最好的情况下也只能被赶上的事物。我敢断言，这就是他们想切断过去与未来的原因，其结果是使现在成为一种失去了时间尺度的感情上不可及的东西。因之，还是让我们改为从过去出发，从而发现人的始终不变的条件"。[3]

"从某种角度看，都市怀旧可以说是信息时代社会结构的重大调整波及社会心理的一个结果……所谓都市怀旧，放在这个背景中看，实际上是对城市经验和记忆的整理，它和各种关于城市的论述一起，共同塑造着我们对于城市的新的认知"，克罗齐说得更为透彻："这种过去的事实只要和现实生活的一种兴趣打成一片，它就不是针对一种过去的兴趣，而是针对现在的一种兴趣。"[4] 也就是说，这种怀旧是从现在出发看待并理解过去，是出于现在的某种目的重新梳理历史。

从人的文化心理出发，研究人在城市空间与城市环境中的经历和意义，如诺伯格·舒尔茨所说："建筑师的任务就是创造有意味的场所，帮助人们栖居。"城市设计也是如此，城市空间从物质层面上讲，是一种经过限定的、具有某种形体关联性的"空间"，当空间中一定的社会、文化、历史事件与人的活动及所在地域的特定条件发生联系时，就获得了某种文脉意义，空间也就成为"场所"。

所谓线性承传的"故事"文化讲的是城市文化的历时性，把时间作为城市形态的一个特殊要素，就能感受到城市秩序的特殊性，城市形态在时间的流逝中不断变化和丰富，从而体现出历史的痕迹。城市的发展可以融合新和旧，在此过程中带来种种变化的可能，在保持连续性的同时表达当代的特殊性。城市形态的历时性，使它可以联系过去、现在和未来。

以上所谓历时性的城市文化或者说"故事"文化，对于城市活力增长之贡献却十分有限。因为线性承传的"故事"文化表述的只是历史文化遗痕的延续与记忆，并没有融入组合到当代城市生活中。而复合并置的生活文化则是将城市文脉、历史性的城市文化形态融入组合在现实的日常公共生活之中，它体现的是一种"共时态"，是将过去、现在、未来的历时态加以并置、拼贴组合在一起，以产生文化的集聚效应。例如，作为欧洲最为壮观的古老火车站之一，法兰克福火车站区在改建中把铁路引入 20 米深的地下，以腾出地面延展城市生活；车站大门的弧形顶棚仍然保留，在其下新建了一个商业街，一直通到地下铁路，形成室内下沉空间；下沉空间周围围绕长达 3 公里，高达 3 层的店面，其中布置画廊、商店和餐厅等。这是一种典型的将历史与现代的生活文化复合并置的形式（图5-18）。这种并置的生活文化的组合对城市文化生活将产生催化作用，进而激发城市活力。

总是情境让我们成为我们自己！城市更重要的不是其外表的物理几何形态，而是发生在那里的事件。城市的生活不是由建筑的形式或装饰所给予，而是由在那里遇见的事件和情境的特质所赋予。

图5-18　法兰克福火车站大厅

表现城市意义的城市故事空间，固化了城市环境的社会、历史和文化演变过程，反映了人类作为地球生态系统的一分子在营造城市这一特定聚落形式过程中的甜酸苦乐；城市的意义可以吸引市民停留，引起市民思索、记忆和共鸣，使得市民认可和热爱城市，使城市具有深度和可读性，形成故事的城市就是重视个体感知和群体记忆的人文主义空间价值，寻求一个能够传承城市人性情感、容纳城市活动可持续发展的城市空间容器。

当代人总是怀着一种乡愁的冲动去寻找家园。

寻找城市故事，就是将城市的过去、现在、未来加以拼贴与组合，建构可延续、可识别，有特质的未来之城！

寻找城市故事，是一种对根的追溯，一种续写谱系的文化自觉！

二维中国
2D CHINA

我们的时代

——节日狂欢与恐怖袭击；暴富与赤贫；现实与虚拟——一个多极世界！

当代中国所有主要（以及次要）都市区域面貌都在经历戏剧性的变化，有些地方如此强烈，以至于40年前的东西今天几乎无可辨认。这是一种世界经济发展大背景下的"都市重构"。都市转型如此之剧，以致所有传统都市阐释框架似乎都已失效！

是否需要用全新的理论来解释转型都市形态？或者仍然强调

图 5-19　城市漩涡

与过去的连续性，在原有城市研究方法上局部更新？

认为 21 世纪初城市所发生的事是一个全新革命的开端，或认为它不过是都市生活传统的一个小小波折，这些断言都为时太早！但我们必须承认，在我们习常认为的现代都市中，以及我们理解、体验、研究城市的方式中，确实发生了很显著的转变——有许多新异之处，需要我们对当代中国城市展开"批判"与想象！

我们的城市

——被政府的雄心与市民的热望围绕，我们在造城，在围城（图 5-19）！

这个时代，汽车、高架桥、摩天楼、网络使人类的欲望达到了前所未有的满足。在欲望的包围下，技术主义、实用主义、英雄主义充斥着城市——城市在迅速扁平化、概念化、机械化——城市在"过度"规划化！

以空间性、社会性和历史性的视角，运用"三维辩证"的方法对过去 30 年的城市发展加以研究——有一种"将空间置于首位"的意图。

主流的城市规划在诠释当代城市时，忽视了城市空间的解码潜力，现在到了把这种"隐没维度"升出地平线的时候了！

全球化带来了多元化，也带来了均质化，纯理性、纯技术的"非地方性"城市——"通属城市"成为当代人的集体记忆。

勒·柯布西耶认为：这个时代产生了"机械速度"，就必须使城市适应这种速度。"机械化时代的人类性格"由此产生——人类被动地适应由技术创造的世界，城市在技术的名义下变为纯粹的形式产物。机械论和城市规划的"技术"模式消弭差异，断裂文脉，搁置意义，城市作为产品被不断复制与拼贴。

中国的一些城市在现代化的冲击下，"跃进式"地进入全球经济，快速地建造，呈现出中国式"新城"特征：日益复杂的社会流动性、交通拥堵、空气污染、不断加大的距离、断裂的城市空间；效率与阻滞、灵活与僵化、长期性与短期行为等同时共存。

明日城市，路在何方？

（1）平面走向立体——二维走向三维

当代城市在高速环路中一圈圈迅速水平伸展，机动化决定着当代城市格局，它使城市趋向平面化；而城市形象只有在三维中才能真正呈现。当代城市意象的缺失，源于三维空间营造的匮乏！城市应呈现聚集活力，立体化空间使用才能产生高效城市，城市应立起来（图5-20）！

图5-20　株洲神农公园
采用底层架空、空中视线廊道的方式，将城市水域空间与公园空间相互贯通

从城市设计向度来看，立体化的城市设计就是运用多向度穿插和层叠的手法整合城市环境，促进土地使用的聚集化，加强城市空间和建筑空间的垂直运动，在三维的城市空间中化解各种矛盾，建立新的立体形态系统。如不同交通方式的立体切换、跨越交通路线的建筑群体等。

空间交混是源自城市设计向度的三维城市形态思考，是立体化、复合型城市空间利用方式。对城市空间使用而言，它既是建筑物内部功能的外化，又是城市外部空间形态的建构目标。

图5-21　速度

（2）"此"时走向"历"时——三维走向四维

城市不能只是现时态、静止的三维空间，而应将城市放在历时演化的时空中（图5-21）。

城市的建成环境始终处于连续的演变状态，任何城市形态均不能脱离"时间"这个变量。正是"形式"与"时间"的并重引起建筑学、历史学、社会学、经济学的交叉；城市形态的物质要素不断经历着形式上的变化，所以"历史性"和"动态性"分析，应该成为城市形态研究的核心。

每一座城市都拥有自己的过去，历史性既是城市的功能，又是城市的形式。城市的历史深深镂刻在城市的每一个角落、每一个建筑细部之中。

意大利建筑师阿尔多·罗西认为，"城市是集体记忆的场所"，城市首先是四维的记忆之城，其次才是三维的物质之城。也就是说，城市建筑首先是作为城市集体记忆的载体存在，其次才是个性化的创造。在城市历史的自然更迭中，曾经存在过的城市并未彻底消亡，而是通过场所（Locus）、纪念物（Monuments）与类型（Type）等方式，将城市的集体记忆延续下去。一座城市正是经由这样的记忆密码而与过去的时空血脉相连。

对于城市而言，也就是要形成故事的城市，城市故事如同场所的灵魂，它融入了人们的生活和记忆，让人感受到自己与场所在时间维度上的融合。因而可以说，要实现城市意象的意义，就必须发掘和表现城市的故事，形成超越静态组合的新空间，给人以时空互动、四维动态组合的深刻意义感。

在现代城市中，不应使现代服从于历史，而是追求二者的共存与对话，这种对话不仅是单纯模仿，也不是冻结成为"木乃伊"。在将城市时间因素整合到三维空间的过程中，找到历史与现实的结合点，这样的整合才富有意义，才是成功的四维空间。

只有对城市的过去、现在、未来进行历时性考量，才能让我们对城市的雄心建立在真正的理性之上，才能让我们关于城市的畅想卓越而自在。

"新"态走向"熟"态

一些城市开发区跃进式的造城运动，模块式的填充；旧城改造摧枯拉朽式的革命！城市在迅速变新，呈现"新"态——单薄，生涩！怎样营造城市的厚重感，怎样将城市断裂面缝合为自然的肌理——一种"熟"态，是我们城市生长的方向（图5-22）。

人们常常将城市形式看作一个有限的、完成的事物。然而即使城市在产生之初其形态就已经非常完美，但它绝不会是已经完成，也不会是静止不变。每天都有无数个有意无意的事件在改变着它，而这种改变只有经过一定时间后才被显著察觉。

莫里斯·哈布瓦赫认为："凭借着对传统价值的执着，昨日的社会以及社会化进程中相继出现的各个时期才得以存续至今"。每个时期的人造环境层层垒叠，城市的历史也就相互叠加在一起，构成了城市厚重的不同时期的考古断面。

当代城市大规模旧城改造，往往采用一种激进式的、断裂的处理，使得城市与历史割裂开来，历史不再是连续的，而是片段的跳跃式组合。城市固然没有了杂音，然而总是让人惘然若失。旧城也因而呈现新态！

科林·罗在《拼贴城市》中指出，"城

图 5-22　新与旧

图 5-23　特色营造

市形态记载着历史，城市形态是各种历史片断的丰富交织。当现实与历史恰当地和谐共处时，形成的城市空间形态是最富有魅力的"。"罗马不是一天建成的"，威尼斯圣马可广场也是近一千年的不断增建、改建和重建而逐渐生长形成的，它没有预设的蓝图，而只是一个动态发展、自然生长的过程。克里斯托弗·亚历山大认为好的设计就像种花，"我们无法设计花，只能种下种子，好的设计理论并不是告诉人们如何设计空间，而是让空间有机会长出生机勃勃的花儿"。

蓝图式、物质形态的规划设计方式难以适应当代城市的复杂性、多样性和难以预测性，我们应注重渐进式城市生长方式，注重寻找城市从断裂到缝合的演进规律，以培育"熟"态城市。

同质走向特色

城市在相互模仿中不断趋同，中国城市的同质化已成为现代化的并发症！怎样在现代性基质上留存城市人文历史，怎样在城市中凸显自然山水特质，怎样在城市中展示自身市民性格——特色营造，是中国城市化不可绕过的话题（图5-23）。

现代主义创造了名为人类的"圣人"，现代主义设计了与这样的理想"人类"相对应的城市。这是一种给人以疏远感的城市，因为它是奉献给抽象的人类与人类社会，而不是具体人。

当代中国许多城市面貌趋同，很多城市空间的同质化，很多城市逐渐成为无地方性差异的"零识别"城市。

在全球化和现代性的影响下，唯有每个城市的自然地理条件具有唯一性。结合山水、植被、气候等自然环境条件塑造城市特色是一个有效的方法。设计结合自然，让自然融入城市，既要充分利用城市原有的自然地理条件，借青山绿树、江河湖海的自然魅力，凸显城市的特色意境；又要运用人文景观元素，进行自然环境的再创造。在符合当地自然地理条件的基础上，同时营造宜人的生活空间。

自然地理环境是城市生存的母体，而社会、经济与文化则是维系城市生存与成长的物质和精神食粮。在设计中如何体现中国传统文化精神，关注城市中人与自然之间、城市各物质要素之间、精神与行为之间以及历史与现代之间的和谐，城市形态中的这种主体鲜明、复合多样的空间及文化特征是营造魅力城市的关键。

精英走向大众

当代中国城市规划与建筑教育体系、体制及目标大多停留在精英模式：关注的是自上而下的规限和引导，以形而上的理论研究自上而下地指导教学与实践。这导致一些城市建设追求形式，轻视建造过程，轻视经济规律，常常游离于现实生活之外。而大建筑学科的发展与演进应源自城市社会的物质性平台，对城市的大众性实践才是催生城市建筑思想的源泉。

当代城市的主流声音来自少数精英大都市，主要媒体关注的是少数精英在少数精英城市中的"演出"。在当下的网络化时代、大众狂欢时代，应体现众声喧哗！数量众多的所谓"大众"城市状态才是真正代表中国的真实性灵。

中国虽然拥有国际一流的精英大都市，但仍不是发达国家，代表中国真实城市状态的"大众"城市还在迅速发展之中。我们应将目光投向"大众"城市，总结演变规律，关注经济与城市发展过程中的关联性，关注"大众"城市生长中的困境！

投身于"大众"城市的规划师与建筑师需要更多的"抵抗"姿态——城市经济发展状况形成对城市规划的"阻滞"，对建筑创作的"束缚"，使"大众"城市研究成为"戴着镣铐的舞蹈"；而"大众"城市与源自农业文明的在地文化有更多关联，其城市人群思维往往更少一些开放性和包容性，思维方式中的活性因子也相对缺乏，因而"大众"城市的规划与建筑创作需要更多"突围"的力量和适应性。

代表了中国的"大众"城市拥有着鲜明的自身特征和规律。国外同类"大众"城市相关研究资料相对匮乏，使中国"大众"城市的研究更弥足珍贵；当代快速城市化进程中，中国"大众"城市建设过程中所面临的迷惘与困惑，使对"大众"城市的研究更显紧迫。

我们需要"精英"城市的引领作用，我们更需要对当下中国"大众"城市发展演进规律及建设方法的研究！

规划走向设计

千年传统治理的基因、长期计划经济的烙印，使当代中国城市对计划——"规划"十分重视，重规划轻设计。城市设计是解决中国城市病的一剂良药，重点区域、整体空间都应呈现出被城市意志所"设计"的痕迹！

用城市设计可以控制城市公共空间、城市天际线，而不必完全依靠控制每个地块的容积率、密度等，针对当前的分块用地规划指标控制，用系统化思考加以约束，用城市设计加以整合，就可以大大避免对城市三维空间的肢解（图5-24）。

应将城市设计放在城市规划变革乃至社会发展的大背景下思考，既要以制度创新的姿态推动整个城市规划制度的变革，又要正视自身的作用，追求"此时"的合理定位。

城市设计应按规划阶段的划分，按其设计的规模、范畴，同相应的城市总体规划或详细规划结合进行，特别是在城市重点空间形态区位的控制性详细规划阶段应融入城市设计要素！面对我

图5-24　用城市设计可以控制城市公共空间、城市天际线，而不必完全依靠控制每个地块的容积率、密度等

国城市规划管理的实际情况，城市设计要突出重点，要把注意力从塑造城市终极的形态，转变为引导良好的城市空间开发，制约负面城市形态的形成。对城市公共开放空间的布局、形态、尺度、界面和步行环境的设计营造和控制，应当成为设计的核心。城市设计的当务之急并不是获得"制度保障"，而是提高可操作性，形成被普遍认可的城市设计"范式"。

解析当代中国城市建设，各种新特征、新问题，无不与"二维"模式相关联。

刘易斯·芒福德曾指出："人类用了5000多年的时间，才对城市的本质和演变过程获得了一个局部的认识，也许要用更长的时间才能完全弄清它那些尚未被认识的潜在特性。"

我们不能停止思考！若不更加深邃，定将更加复杂，使自己处于可能性不断丰富的视界之中。

我们想象明日城市——尝试用新的视角重新检视熟悉的事物！

其实谁也无法准确言说未来——未来不是过去与现在的线性延展！

而未来的显现，决定于我们当下的行动指向！

注释与图片来源
NOTES AND PICTURE SOURCES

天地之间

"和"声

图 1-1　"和"是个人修养与社会生长的胜境,是"乐"的精神、浪漫、情感、意志、生机!是春天的垂柳,是拈花微笑的姿态!

图 1-2　晨光(释怀梵摄)

([2010-07-12].http://news.xinhuanet.com/world/2008-08/23/content_9637584.htm)

图 1-3　庄子图

([2010-07-12].http://wenhua.eco.gov.cn/3/1/3/2/2009/0703/135027.html)

图 1-4　城市功能结构彼此分离,必须整合,以统一人的内部与外界生活,以适应生命有机世界的富饶

([2010-07-12].http://www.jysls.com/thread12358965844.html)

图 1-5　城市应当是一个爱的器官!应具有母亲般养育生命的功能,是一个共同的家园!

([2010-07-12].http://www.nipic.com/show/2/27/41dd9f2c68c0c022568.html)

图 1-6　北京奥运会开幕式场景

"面"谈

图 1-7　金面具([2010-07-12].http://ccdv.people.com.cn/GB/66982/5858653.html)

图 1-8　千城一面

([2010-07-12].http://img1.qq.com/news/20060104/2966779.jpg)

([2010-07-12].http://www.4a98.com/vision/industry/119110398119144.html)

图 1-9　川剧变脸([2010-07-12].http://space.cn6154.com/?4976/viewspace-26328)

图 1-10　假面舞会([2010-07-12].http://auction.artxun.com/paimai-177-883511.shtml)

图 1-11　未来城?([2010-07-12].http://www.86look.com/treeskywater/productShow_145911.html)

"礼"论

图 1-12　孔子像([2010-07-12].http://www.nipic.com/show/1/72/5c617a50bcfdc5b8.html)

图 1-13　王城图([2010-07-12].http://www.chinaculture.org/gb/cn_zgwh/2004-06/28/content_51566.htm)

图 1-14　数字化生存（[2010-07-12].http：//www.culturalink.gov.cn/sgfw/node_50002205.htm）

图 1-15　市井生活和大众文化（[2010-07-12].http：//www.islambook.net/xueshu/list.asp?id=3255589）

"门"道

图 1-16　西方概念中的"门"（[2010-07-12].http：//www.nipic.com/show/3/49/f7010f986de3013 d.html）

图 1-17　中国建筑的"门"（[2021-04-07].https：//stock. tuchong.com/image/detail/?imageId=992768341775089680）

图 1-18　蓟县独乐寺（作者自摄）

图 1-19　鲁迅先生在《家庭为中国之基本》中提到"国"只不过是放大了的"家"，所以在中国，建都城与营造自家庭院，都首先重视"门"

（[2010-07-12].http：//news.sina.com.cn/）

（[2010-07-12].http：//photos.nphoto.net/photos/2007-09/30/ff808081153b85430115548e76de7277.shtml）

色·戒

图 1-20　色彩肌理镜像（[2021-07-06].https：//stock.tuchong.com/image/detail?imageId=1062231535140995104）

图 1-21　有序的古典城市色彩（[2010-07-12].http：//images.google.cn/images）

图 1-22　中国传统古城平遥（[2010-07-12].http：//www.gjgy.com/pingyao.html）

图 1-23　湘西民居和徽州民居

（[2021-04-07].https：//stock.tuchong.com/image?imageId=714712227753492496）

（[2021-04-07].https：//stock.tuchong.com/image?imageId=803761107547193447）

图 1-24　中国传统官式建筑

（[2021-04-07].https：//stock.tuchong.com/image?imageId=902153808948101184）

图 1-25　英国伦敦

（[2010-07-12].http：//www.zggczj.com/Article/nbmk82/nbmk86/200702/5107.html）

图 1-26　罗马老城区（左）、新城区（右）（[2010-07-12].http：//richardli1437.spaces.live.com/）

图 1-27　希腊圣托里尼岛（作者自摄）

图 1-28　法国巴黎（[2010-07-12].http：//torchrelay.beijing2008.cn/cn/journey/paris/photos/n214268170.shtml）

图 1-29　韩国首尔，一座现代化的工业城市，呈现出浅灰色系（[2010-07-12].http：//www.lewai.com/han/about/lvyou/200612/115938.htm）

图 1-30　株洲市城市色彩主色谱意向（研究指导：蒋涤非，研究：胡华等）
图 1-31　丹韵株洲夜间意向，采用暖色——日光色光源作为主要的功能和景观照明光源（研究指导：蒋涤非，研究：胡华等）

自在
图 1-32　远大会馆（作者自摄）
图 1-33　湖南广播电视台（作者自摄）
图 1-34　长沙市妇女儿童活动中心（作者自绘）
图 1-35　株洲神农太阳城（[2010-07-12].https：//image.baidu.com/）
图 1-36　株洲神农坛（[2010-07-12].https：//mp.weixin.qq.com/s/dLahJvNtdo5ApUwecOFPnA）
图 1-37　株洲神农城核心区城市设计平面图（作者自绘）
图 1-38　株洲市神农城核心区城市设计（作者自绘）

自然启示录

"快"语
图 2-1　广义相对论（霍金 S. 时间简史 [M]. 许明贤，吴忠超译 . 长沙：湖南科技出版社，2002）
图 2-2　高架桥（蒋涤非 . 城市形态活力论 [M]. 南京：东南大学出版社，2007）
图 2-3　世界水日图标（[2010-07-12].http：//news.xinhuanet.com/tech/2009-03/22/content_11050255.htm）
图 2-4　当汽车被冻结（[2010-07-12].http：//blog.sina.com.cn/s/blog_4d7f4a0501008c9h.html）
图 2-5　机器时代（[2010-07-12].http：//www.wallcoo.com/paint/RU_A2000_01/html/wallpaper17.html）
图 2-6　浒溪草堂图　文徵明　明朝
图 2-7　一花一世界，一叶一菩提；行到水穷处，坐看云起时……这种慢生活图景，是现代社会尚未消化的历史残留？抑或相反——是永驻内心的精神根系？
（[2010-07-12].http：//huodong.fetion.com.cn/zidingyi/MyShow.aspx?sid=439365810）
图 2-8　夸父追日（[2010-07-12].www.wangyou.com）

"新"说
图 2-9　美国《时代周刊》封面
（[2010-07-12].http：//news.ifeng.com/history/vp/200906/0603_5626_1186169.shtml）
图 2-10　我们的大都市正迅速"雄性化"，我们将物质、能量、运动与变化捧为"神明"
（[2010-07-12].http：//objectsperdidos.blogspot.com/2007_08_01_archive.html）

图 2-11　日本啤酒厂改造的惠比寿花园广场
（[2010-07-12].http：//news.sz.soufun.com/2009-06-12/ 2622014.html）
图 2-12　上海老厂房改造的多媒体创意产业中心
（[2010-07-12].http：//gzhxh1.blog.163.com/）
图 2-13　清明上河图局部
（[2010-07-12].http：//www.nipic.com/show/2/27/c372b94f51a1087e.htmls）

论"变"
图 2-14　站在美国前世贸大厦俯视纽约，一部城市史，就是一部"变"史！
（[2010-07-12].www.fuyibbs.com）
图 2-15　埃菲尔铁塔以其突破性的结构和美学成为现代巴黎的标志
（[2010-07-12].www.wallcoo.com）
图 2-16　我们可以营造出任何城市，只要知道自己想要什么！
（[2010-07-12].www.shejia.com）
图 2-17　科技已成为决定性力量。城市在变"大"、变"快"、变"高"——我们正在进入面向天空的群居时代！
（[2010-07-12].www.fuyibbs.com）
图 2-18　纵向观察，城市在巨"变"
（[2010-07-12].http：//travel.huanqiu.com/photo/2008-09/228178_6.html）
图 2-19　变，一种追寻！不变，一种守望！（叶梓颐）

突"围"
图 2-20　福柯认为：中国是横陈在永恒天空下面一种沟渠堤坝的文明，宽广而凝固；四周都是城墙
（[2010-07-12].http：//www.nipic.com/show/4/79/3493a4b68b2bb282.html）
图 2-21　那种源于代代相传的"居中之国""邻国相望，鸡犬之声相闻，民至老死，不相往来"的内向意念仍然深深影响着我们的思维和行为方式
（廖世璋.都市设计应用理论与设计原理[M].台北：詹氏书局.1998）
图 2-22　中国城市公共空间边界"墙化"现象（作者自摄）
图 2-23　营造城市公共生活为核心，结合社会经济发展，不断发育出宜人的公共空间
（[2010-07-12].http：//images.google.cn/images）

江河

[1] 米森 ST，米森 SU. 流动的权力：水如何塑造文明？（[M]. 岳玉庆译. 北京：北京联合出版公司，2014）

图 2-24　滨水地区成为城市公共活动集中的核心区域

（[2021-04-07].https://stock.tuchong.com/image?imageId=902272332865601574）

图 2-25　美国波士顿滨水区开发

（[2021-04-07].https://stock.tuchong.com/image?imageId=195573423219590439）

图 2-26　巴陵广场大台阶（作者自绘）

图 2-27　肇庆滨江潮汐消落带剖面分析（作者自绘）

图 2-28　肇庆滨江湿地公园（作者自绘）

图 2-29　钓鱼台——肇庆滨江风光带景观工程（作者自绘）

图 2-30　根据地形现状建立多层次休闲步道（作者自绘）

图 2-31　滨水活力慢行道——肇庆滨江风光带景观工程（作者自绘）

图 2-32　株洲湘江风光带实景图（作者自摄）

论活力

图 2-33　人体组织微观形态

（[2010-07-12].http://sci.ce.cn/discovery/life/200802/28/W020080228437912109988.jpg）

图 2-34　细胞组织与城市空间结构

（田实. 步入 21 世纪的城市设计——生命化城市设计的探索 [D]. 北京工业大学硕士学位论文）

图 2-35　都市设计准则项目示意图

（廖世璋. 都市设计应用理论与设计原理 [M]. 台北：詹氏书局，1998）

图 2-36　具有活力的场所

（本特利 I，等. 建筑环境共鸣设计 [M]. 纪晓海，高颖译. 大连：大连理工大学出版社，2002）

图 2-37　欧洲某城市商业街

（[2010-07-12].http://gb.travel.sina.com/news/spot/2003-08-28/02142895.html）

图 2-38　能够提供多种活动的公共空间

（[2010-07-12].http://bbs.pcbeta.com/thread-69094-8-1.html）

图 2-39　长沙市天英城综合体鸟瞰（作者自绘）

王之城

论城市的权力本质

图 3-1　手里拿着城市图像的圣吉那诺守护圣徒

（科斯托夫 S. 城市的形成——历史进程中的城市模式和城市意义 [M]. 北京：中国建筑工业出版社，2005）

图 3-2　筑城以卫君，造廓以守民

（[2021-04-07].https：//stock.tuchong.com/image?imageId=197541110969270274）

图 3-3　权力是一种能力，是对他人和资源的支配能力

（[2010-07-12].http：//course.cug.edu.cn/org_behavor/chapter12/chap12/p364/p364.htm）

图 3-4　王朝与王权是建造城市的绝对需要

（[2010-07-12].http：//www.nipic.com/show/4/79/7266fab0bbc32f9e.html）

图 3-5　秦始皇：统治者为他的城市规定人口数量，并迫使城中的人在预先设置好的相互关系中生活

（[2010-07-12].http：//hi.baidu.com/%CE%E9%BA%E8%D2%AB/album/item/678ff91fd7049fd21bd576f0.html）

图 3-6　锡耶纳（[2010-07-12].http：//www.gttv88.com/lv3_more.asp?id=5900）

图 3-7　华盛顿：权威的城市规划

图 3-8　监禁球体的城市——雷姆·库哈斯

（库哈斯 R. 监禁球体的城市 [M]. 林尹星，薛皓东译. 台北：惠彰企业有限公司，2002）

图 3-9　迪拜——发展的图景

（[2010-07-12].http：//hi.baidu.com/%B0%B5%B5%AD%D3%EB%B3%E0%B3%CF%BD%BB%C8%DA/album/item/6b4c68af38800fdffaed5066.html）

图 3-10　东方儒家文化构成了东方城市大的文化背景

（[2010-07-12].http：//news.hexun.com/2009-02-09/114229707.html）

图 3-11　巴黎——形象至上的城市，壮丽的城市设计

（[2021-04-07].https：//stock.tuchong.com/image?imageId=919611699959300187）

图 3-12　巴黎协和广场

（[2021-04-07].https：//stock.tuchong.com/image?imageId=1020883343812984888）

图 3-13　凡尔赛宫的总体设计对欧洲各国的城市设计产生了十分深远的影响

（[2010-07-12].http：//wuhsinyikate.pixnet.net/blog/post/5851632）

图 3-14　建筑是权力的雄辩术

（[2010-07-12].http：//hi.baidu.com/xxxholic175/blog/item/653e26d93c99f82f10df9b5a.html）

图 3-15　天际线是城市的象征，是城市个性的浓缩

（[2010-07-12].http：//www.designer-daily.com/city-skylines-vectors-2352）

图 3-16 芝加哥：任何时代的城市都有各自高耸而突出的地标，以颂扬其信仰、权力和成就
（[2010-07-12].http：//news.fdc.com.cn/sjfczy/232334_3.htm）
图 3-17 乌托邦城市
（[2010-07-12].http：//hi.baidu.com/xxxholic175/blog/item/653e26d93c99f82l0df9b5a.html）

纪念性与市民性
[1] 芒福德 L. 城市发展史——起源、演变与前景 [M]. 宋俊岭，倪文彦译. 北京：中国建筑工业出版社，2005.
图 3-18 雅典卫城（作者自摄）
图 3-19 莱昂·克里尔的城市形态层次秩序
（Architecture and Urban design 1967—1992）
图 3-20 古罗马剧场
（[2010-07-12].http：//ido.thethirdmedia.com/article/frame.aspx?turl=http%3a//ido.3mt.com.cn）
图 3-21 圣彼得广场
（[2010-07-12].http：//www.tuniu.com/u/photos/49664）
图 3-22 不同地域风情的市井生活（作者自摄）
图 3-23 城市居民生活
（科斯托夫 S. 城市的形成——历史进程中的城市模式和城市意义 [M]. 北京：中国建筑工业出版社，2005）

城"管"的价值
图 3-24 中国古代都城布局示意图（https：//www.google.com）
图 3-25 故宫（[2021-04-07].https：//stock.tuchong.com/image?imageId=197541110969270274）
图 3-26 奥斯曼（[2010-07-12].https：//www.google.com）
图 3-27 杭州西湖（[2021-04-07].https：//stock.tuchong.com/image?imageId=858155519729467444）
图 3-28 纽约中央公园
（[2021-04-07].https：//stock.tuchong.com/image?imageId=902329447340703823）
（[2021-04-07].https：//stock.tuchong.com/image?imageId=1065578379819745316）
图 3-29 城市鸟瞰（[2021-04-07].https：//stock.tuchong.com/image?imageId=563589499887681550）
图 3-30 东西柏林风貌对比
（[2021-04-07].https：//stock.tuchong.com/image?imageId=902125702687490049）

（[2021-04-07].https：//stock.tuchong.com/image?imageId=969122115969089602）

图 3-31　希腊雅典（作者自摄）

图 3-32　多伦多、纽约城市滨水天际线

（[2021-04-07].https：//stock.tuchong.com/image?imageId=902431023322628191）

（[2021-04-07].https：//stock.tuchong.com/image?imageId=903218960842883101）

图 3-33　哥本哈根斯特勒格步行街（[2021-04-07].https：//stock.tuchong.com/image?imageId=903406547829129256.）

图 3-34　奥地利的萨尔茨堡是音乐大师莫扎特、现代指挥家卡拉扬的故乡以及电影《音乐之声》的外景地，因此该城市在欧洲一直享有"音乐之都"的美誉

（[2021-04-07].https：//stock.tuchong.com/image?imageId=1003768964292542500）

图 3-35　法国巴黎（[2021-04-07].https：//stock.tuchong.com/image?imageId=1042119465923248171）

图 3-36　意大利佛罗伦萨（[2021-04-07].https：//stock.tuchong.com/image?imageId=1012224500776304750）

双尺度城市

[1] 雷姆·库哈斯的文章 "大"（Bigness），发表于《世界建筑》杂志（2003 年第 2 期）。

[2] 昆德拉 M. 慢 [M]. 巴振聘译. 上海：译文出版社，2003.

[3] 芒福德 L. 城市发展史 [M]. 倪文彦，宋俊岭译. 北京：中国建筑工业出版社，1989.

[4] 张钦楠. 阅读城市 [M]. 北京：三联书店，2004.

[5] 韩冬青. 冯金龙. 城市·建筑一体化设计 [M]. 东南大学出版社，1997.

图 3-37　人的尺度研究

图 3-38　汽车城市中的建筑物当代城市空间的泛视觉化倾向越来越强（[2010-07-12].http：//news.sina.com.cn/photo/）

图 3-39　阿姆斯特丹滨水终点站

（潘海啸. 城市交通空间创新设计——建筑行动起来 [M]. 北京：中国建筑工业出版社，2004）

图 3-40　古罗马城市

（洪亮平. 城市设计历程 [M]. 北京：中国建筑工业出版社，2002）

图 3-41　欧洲某城市中心区街道（作者自摄）

图 3-42　快速环道，高架桥：大尺度的城市公共空间（[2010-07-12].http：//news.sina.com.cn/photo/）

图 3-43　佛罗伦萨保持着传统人性化尺度，缺乏现代生活的高效性和活力，属于单尺度城市

（[2010-07-12].http：//news.sina.com.cn/photo/）

图 3-44　巴黎塞纳河畔的线性空间（作者自摄）

图 3-45　巴黎由无数人居街区"细胞"组成

（张斌，杨北帆. 城市设计——形式与装饰 [M]. 天津：天津大学出版社，2002）

图 3-46　哥本哈根沿岸空间的复兴

（盖尔 J，吉姆松 L. 公共空间·公共生活 [M]. 王兵，戚军译. 北京：中国建筑工业出版社，2003）

图 3-47　凯旋门的星形广场

（张斌，杨北帆. 城市设计——形式与装饰 [M]. 天津：天津大学出版社，2002）

图 3-48　埃菲尔铁塔下的环境（作者自摄）

图 3-49　香港奔达中心（[2010-07-12].http：//news.sina.com.cn/photo/）

图 3-50　北京某改拓后的景观大道由于活动人群稀少，人力车在整齐地排队休息

（[2010-07-12].http：//news.sina.com.cn/photo/）

图 3-51　凹凸的临街面

（盖尔 J. 新城市空间 [M]. 何人可译. 北京：中国建筑工业出版社）

权利空间 VS 游戏空间

图 3-52　建筑师罗伯特·文丘里《建筑的复杂性与矛盾性》中译本

（[2010-07-12].http：//www.bookmouse.cn/p11655.html）

图 3-53　传统城市空间：呈现静态感与精神性

（a）莱昂纳多·达·芬奇的古典人

（b）精神性、静态感

（c）传统城市空间

（[2010-07-12].http://news.sina.com.cn/photo/）

图 3-54　当代城市空间，人们正面临着一种新城市状态——一个依靠边界和围栏构造的世界正转化为被网络和流动统治的世界

（a）霍金的现代人（[2010-07-12].http：//news.sina.com.cn/photo/）

（b）混沌性与交混性、网络化与高速化

（霍金 S. 果壳中的宇宙 [M]. 吴忠超译. 长沙：湖南科学技术出版社，2002）

（c）当代城市空间

（蒋涤非. 城市形态活力论 [M]. 南京：东南大学出版社，2007）

图 3-55　清明上河图局部

（[2010-07-12].http：//www.luxee.com/htmlNews/2005/12/4/1005745.html）

图 3-56　城市中的游戏空间：哥本哈根街头娱乐表演
（盖尔 J，吉姆松 L. 公共空间·公共生活 [M]. 王兵，戚军译 . 北京：中国建筑工业出版社，2003）
图 3-57　美国拉斯维加斯弗雷蒙街（[2010-07-12].http：//www.abbs.com.cn/bbs/）
图 3-58　这幅宣传画讽刺了城市设计中的英雄主义心态
（洪亮平 . 城市设计历程 [M]. 北京：中国建筑工业出版社，2002）
图 3-59　国家大剧院（马健强摄）
图 3-60　巴西利亚规划示意图（[2010-07-12].http：//www.abbs.com.cn/bbs/）
图 3-61　长沙解放路的酒吧街（[2010-07-12].http：//news.dj915.com/yechangxinwen/2873.html）
图 3-62　图拉真广场（[2010-07-12].http：//www.abbs.com.cn/bbs/）
图 3-63　中世纪广场中充满了现代生活气息（[2010-07-12].http：//www.abbs.com.cn/bbs/）

建构与解构

图 3-64　气候的建构（[2010-07-12].http：//www.abbs.com.cn/bbs/）
图 3-65　传统材料的建构（[2010-07-12].http：//www.abbs.com.cn/bbs/）
图 3-66　传统技术的建构（[2010-07-12].http：//www.abbs.com.cn/bbs/）
图 3-67　新技术的建构（[2010-07-12].http：//www.abbs.com.cn/bbs/）
图 3-68　地域文化的建构：德国某小镇（作者自摄）
图 3-69　新技术的解构（[2010-07-12].http：//www.cnzozo.com/pic/beijing100/2008/p011737895.shtml）
图 3-70　后现代文化的解构（[2010-07-12].http：//blog.163.com/xhzx2002_yyt/）
图 3-71　建构与解构之间将互相转化兼容（[2010-07-12].http：//www.abbs.com.cn/bbs/）

众生相

论城市的游戏性

[1] 维特根斯坦（1889 年 4 月—1951 年 5 月）：20 世纪最重要的西方哲学家之一，他的思想特别是以"语言游戏说"为代表的后期思想对传统思维方式展开了彻底批判。他否认语言有任何独立、客观的意义，认为词和句子在不同语言环境中有着不同用法，其意义取决于不同的使用场合，随着用法变化而变化。他的这种语言的意义在于用法的思想彻底打破了传统抽象的语言观。后现代哲学思潮对传统哲学的消解与维特根斯坦的这种后期哲学思想有着明显关联。

[2] 雅克·德里达（1930 年 7 月—2004 年 10 月）：解构主义创始人，法国哲学大师，他不满于西方几千年来贯穿至今的哲学思想，对传统的不容置疑的哲学信念发起挑战；德里达认为写作与阅读中的偏差永远存在，文学作品不存在任何内在的结构或中心，作品文本就是一个"无中心的系统"，它既没有确定意义，也无终极意义。他提出的解构主义直接对人类文化的传播载体——语言提出了挑战。其解构主

义思想对后现代艺术影响甚大。

图4-1 都市博弈（[2010-07-12].http：//www.nipic.com/show/4/79/2717c5af0c95d28f.html）

图4-2 宗教仪式从神圣的游戏中发展而来，诗歌诞生于游戏并得到游戏的滋养，音乐和舞蹈是纯粹的游戏……战争规则、贵族生活的习俗也建立在游戏类型之上
（[2010-07-12].http：//www.ucctv.com/html/mudedi/guowai/changyoutihui/200807/10-8527.html）

图4-3 城市最初只是古人类聚会的地点，古人类定期返回这些地点进行一些神圣活动
（[2010-07-12].http：//justforfunhere.blogspot.com/2007_09_01_archive.html）

图4-4 游戏的第二项特征是"秩序性"，它在特定范围的时空中"演出"
（[2010-07-12].http：//news.sina.com.cn/photo/）

图4-5 百老汇歌剧
（[2010-07-12].http：//www.bda.edu.cn/xinwen/wd/photo/5-16/1_big.jpg）

图4-6 雅典第一届奥运会体育场（作者自摄）

图4-7 希腊化时代的城市中心商业区，其重要的城市功能也是作为各种大规模演出的舞台：一个容纳观众的容器
（[2010-07-12].http：//www.9hipi.com/WineCulture-con_949.shtml?viewPage=news）

图4-8 古罗马的广场、大剧场、公共浴场、角斗场都是宏大的城市舞台
（[2010-07-12].http：//news.sina.com.cn/photo/）

图4-9 作为节日和活动大舞台的城市，更能激起人们的热情
（[2010-07-12].http：//www.phototime.cn/photo/C06417997.html）

图4-10 西方绘画中的街道市井生活（[2010-07-12].http：//news.sina.com.cn/photo/）

图4-11 广场中的亲密交往（[2021-04-07].https：//stock.tuchong.com/image?imageId=979532489617571857）

图4-12 街道界面的影像化、媒介化特征进一步使当代城市成为戏剧的表演场
（[2010-07-12].http：//news.sina.com.cn/photo/）

图4-13 "不夜城"长沙（公众号长沙发布2022年7月13日，晟龙）

图4-14 市井是人性的通俗化宣泄，是一种奔腾的"现象流"，是城市中最具活力的舞台
（[2010-07-12].http：//www.news.qq.com）

图4-15 雷姆·库哈斯的《疯狂纽约》
（[2010-07-12].http：//www.chinaacsc.com/attention/ShowArticle.asp?ArticleID=1462）

图4-16 城市开发中的博弈场（[2010-07-12].http：//gd.sohu.com/20080109/n254542857.shtml）

图 4-17　上海·汤臣一品

新生活

图 4-18　《走向新建筑》——勒·柯布西耶宣言，基于新技术，基于建筑个体，现代城市走向了分离
（[2010-07-12].http：//hi.baidu.com/zks929/blog/item/dae011629abdfcd5e7113ad7.html）

图 4-19　人们在"虚拟空间"中形成新的时空观——时间和空间由相互缠绕走向逐步分离，"那里"即是"这里"，"此时"也是"彼时"
（[2010-07-12].http：//news.sina.com.cn/photo/）

图 4-20　步入消费时代，商业文化渗入人们的日常生活，无论白天黑夜，城市总在追求明亮华丽，各式各样的广告无所不在地向人们昭示新"消费"生活
（[2010-07-12].http：//www.citygf.com/TR/013003/001/200905/t20090518_52837.html）

图 4-21　当代城市的迪士尼化、娱乐中心化是城市游戏性的新表征
（[2010-07-12].http：//images.nciku.com/sourcing_images/6/6701_getty_20080128162446.jpg）

图 4-22　歌舞影剧与巷陌小技可以同时登场
（[2010-07-12].http：//blog.chinatimes.com/essay/gallery/image/11538.html）

图 4-23　古典生活、传统生活——牛顿空间、静态空间、几何空间——经典城市空间！
（[2010-07-12].http：//www.nipic.com/show/1/7/f92bd205b47aaf4e.html）

图 4-24　新建筑的实验场——迪拜
（[2010-07-12].http：//www.china.com.cn/photo/txt/2008-03/10/content_12125912.htm）

图 4-25　80后、90后、00后——新的未来世界城市图景一定异趣于我们对当下城市的审美情致！
（[2010-07-12].http：//www.loveufo.com.cn/FNewsPaper/tianwenhangtian/tianwenkexue/33613195455.html）

新媒介生存

图 4-26　新媒介渗透（作者自绘）

图 4-27　新媒介世界（作者自绘）

图 4-28　新媒介认同（作者自绘）

图 4-29　新媒介空间（作者自绘）

消费至上

[1] 夏南凯.城市开发导论[M].上海：同济大学出版社，2003.

[2] 转引自：荆哲璐.城市消费空间的生与死——《哈佛设计学院购物指南》评述[J].时代建筑.2005，2：62.

[3] 蒋原伦.史建编.溢出的都市[M].广西：广西师范大学出版社，2004.
[4] 荆哲璐.城市消费空间的生与死——《哈佛设计学院购物指南》评述.时代建筑.2005，2：63.
[5] 莫天伟，莫弘之.市·集.生活形态的形式——在商业空间的构建中恢复创造生活方式的能力[J].时代建筑，2005，2：17.

图 4-30　在消费时代，"不仅购物活动里融入了各种事件成分，而且各种事件最终都融汇成了购物活动"，购物既是一种最重要的消费形式，也是消费的主要内容，购物生活正成为城市不可缺少的部分——购物环境真正成了定义现代城市空间的重要元素（作者自摄）

图 4-31　消费空间除了包含商业空间外，还包含娱乐空间、休闲空间——消费空间的概念可以包含一切公共发生的消费行为的空间

图 4-32　迪拜购物机场（[2010-07-12].http：//luxury.qq.com/a/20070719/000015_8.htm）

图 4-33　今天"不管你是否同意，购物活动已经成为我们体验公共生活的仅存方式之一"
（[2010-07-12].http：//life.wg365.com/2007/2007-7-21/wg3652007721232715.shtml）

图 4-34　在这里商业成为一种重要的城市生活形态。作为一种重要的城市生活形态，是城市化的必要条件，消费造就了城市化生活，塑造了新的当代城市文化（作者自摄）

图 4-35　体验消费成为商业消费活动中越来越重要的内容。传统的消费中把购物作为主要目的，逛街的目的是要完成购物的计划，而当代越来越多的消费行为不带有明确的购物目的
（[2010-07-12].http：//news.sina.com.cn/photo/）

图 4-36　长沙文和友（公众号长沙发布 2022 年 7 月 13 日）

不夜城

图 4-37　天上的街市（[2010-07-12].http：//www.far2000.com//b87561）

图 4-38　夜间城市具有日间城市既类似又截然有别的特征。夜间城市可以隐藏掉一切，也可以重新创造一个崭新的生活空间（上：作者自摄；下：[2010-07-12].http：//www.abbs.com//5641251）

图 4-39　城市之夜
（[2010-07-12].http：//destpic.ctrip.com/Resources/unitedstates/lasvegas/image/briefintro.jpg）

图 4-40　有活力的城市夜环境必须解决繁多的功能问题，以满足不同层次、文化、职业、年龄的人群对夜生活的需要
（[2010-07-12].http：//img1.soufun.com/bbs/2004_07/06/1089095724894.jpg）

图 4-41　白天是工作的城市、效率的城市、理性的城市；人在夜晚更具有生活性，夜晚的城市是生活的城市、感性的城市
（[2010-07-12].http：//uimg.qihoo.com/qhimg/quc//600_500/14/03/23/140323fqd16b9.4b4d7e.jpg）

边界与跨界

[1] [日] 原广司. 世界聚落的教示 100[M]. 于天玮, 刘淑梅译. 北京: 中国建筑工业出版社, 2003.

[2] 费菁. 媒体时代的建筑与艺术 [M]. 北京: 中国建筑工业出版社, 1999.

[3] 朱文一. 中国古代建筑的一种译码 [J]. 建筑学报, 1994, 6: 12.

图 4-42　西安半坡仰韶文化聚落遗址（[2010-07-12].http：//news.sina.com.cn/photo/）

图 4-43　边界效应原理（苏勇绘制）

图 4-44　宇宙（[2021-04-07].https：//stock.tuchong.com/image?imageId=896793157195006035）

图 4-45　莫奈《日出·印象》（[2010-07-12].https：//www.sohu.com/a/235863702_789939）

图 4-46　勒·柯布西耶（[2010-07-12].https：//huaban.com/pins/1557439884/）

图 4-47　上海世博会建筑（[2021-04-07].https：//stock.tuchong.com/image?imageId=658505640017657866）

城市经络

城与市

[1] 林奇 K. 城市形态 [M]. 林庆怡, 陈朝晖, 邓华译. 北京: 华夏出版社, 2001.

[2] 巴顿 K. 城市经济学 [M]. 北京: 商务出版社, 1981.

[3] 芒福德 L. 城市发展史——起源、演变与前景 [M]. 宋俊岭, 倪文彦译. 北京: 中国建筑工业出版社, 2005.

[4] 周时奋. 市井 [M]. 济南: 山东画报出版社, 2003.

[5] 赵世瑜. 腐朽与神奇——清代城市生活长卷 [M]. 长沙: 湖南出版社, 1996.

图 5-1　汉代画像砖所显示的"城与市"

洪亮平. 城市设计历程 [M]. 北京: 中国建筑工业出版社, 2002.

图 5-2　在中国古代，把围绕人群聚落修筑起来的防御设施称为"城"（[2010-07-12].http：//www.lotour.com/snapshot/2007-3-15/snapshot_59586.shtml）

图 5-3　《周易·系辞》记载："日中为市，致天下之民，聚会天下货物。交易而退，各得其所。"（[2010-07-12].http：//news.sina.com.cn/photo/）

"杂"谈

[1] 庄宇. 城市空间混合使用的基础研究——行为环境和形态构成的探索 [D]. 同济大学硕士学位论文, 1993.

[2] 陶思炎. 中国都市民俗学 [M]. 南京: 东南大学出版社, 2004.

图 5-4　城市之生命，在杂！（[2010-07-12].http：//www.sxhzbctv.com/Photo/lydt/200610/29.html）

图 5-5　功能交混的城市现代综合体（[2010-07-12].http：//www.copenhagen.com/）

图 5-6 拼贴城市（[2010-07-12].http：//www.copenhagen.com/）
图 5-7 风格交混的城市空间（[2010-07-12].http：//picasaweb.google.com）
图 5-8 交混之城（[2010-07-12].http：//picasaweb.google.com）
图 5-9 城市不断生长、积累、沉淀——多元杂存，现代、后现代……形成纷繁的城市景致、多元的生活样态（[2010-07-12].www.jzcad.com）
图 5-10 一个在历史中被无数使用者打磨和变动过的都市空间比一个被一次规划设计、一次性建造的空间更有人情味和魅力
（[2010-07-12].http：//www.nipic.com/show/1/73/3bf60c20fa9823b4.html）

虚实之间
图 5-11 城市空间的虚拟化
（[2010-07-12].http：//bbs.photophoto.cn/Design-gallery/Art/Chinese%20advertisement/0200120015.htm）
图 5-12 城市实体环境的网络化
（[2010-07-12].http：//travel.jrj.com.cn/2008/08/2716471732364-6.shtml）

新城病
图 5-13 新城病（江兵拍摄）
图 5-14 在新城区道路的改扩建过程中，建筑退让等造成道路两厢建筑呈明显的"断裂"现象
（[2010-07-12].http：//www.guangzhou.gov.cn/）
图 5-15 城市应呈现一种"熟"态，这是城市生长的必然过程（[2010-07-12].http：//news.sina.com.cn/photo/）

故事"容器"
[1] 芒福德 L. 城市发展史——起源、演变和前景 [M]. 宋俊岭，倪文彦译. 北京：中国建筑工业出版社，1985.
[2] 卡尔维诺 I. 卡尔维诺文集 [M]. 吕同六，张洁译. 南京：译林出版社，2001.
[3] 陈镌. 城市生活形态的延续与完善 [D]. 同济大学博士学位论文，2003.
[4] 陈镌. 城市生活形态的延续与完善 [D]. 同济大学博士学位论文，2003.
图 5-16 城市像一个古人和今人共同生活过的大营地，许多元素遗留下来，每个时期的人造环境层层叠叠，构成了城市厚重的不同时期的考古断面
（[2010-07-12].http：//photos.nphoto.net/photos/2007-09/24/ff8080811505306401153410e024d

1b8b.shtml）

图5-17　巴黎圣母院（[2010-07-12].http：//www.wyuu.cn/baidu/tupian079475.htm）

图5-18　法兰克福火车站大厅（世界建筑，2001年6月）

二维中国

图5-19　城市漩涡（[2021-04-07].https：//stock.tuchong.com/image?imageId=1025941681316560948）

图5-20　株洲神农公园（设计：蒋涤非、李卫东、刘丽娜　绘制：刘丽娜）

图5-21　速度（[2021-04-07].https：//stock.tuchong.com/image?imageId=57457625817819709）

图5-22　新与旧（[2021-04-07].https：//stock.tuchong.com/image?imageId=79052807289864852）

图5-23　特色营造（[2021-04-07].https：//stock.tuchong.com/image?imageId=195563699433373699）

图5-24　用城市设计可以控制城市公共空间、城市天际线，而不必完全依靠控制每个地块的容积率、密度等（[2021-04-07].https：//stock.tuchong.com/image?imageId=902365267367952535）

后 记
POSTSCRIPT

一路行吟
WALK ALONG, SINGING

引子：年轻时走过的每一座城市、每一条街巷，都可能拓展我们思想的版图。

《城市经纬》（蒋涤非 绘）

从家乡老街的篱笆巷道，到北京皇城根，再到希腊雅典，行可感的万里路。

从江湖之远的大学，到服务大众的城市政府，再到市场丛林的企业，读无字的万卷书。

我喜欢未见，总被未知所吸引。

城市于我，是一张具有魔力的网。

城市是人类最伟大的创造，蕴藏着人类无尽的奥秘。远古城池遗存和古老传说、当下城市进化和异化、公民建筑和空间正义、多元价值观混杂共存，科学技术的魔法力量，城市的文化、空间、建筑等元素被不断撕裂和重组，而电子技术更是不断消解我们对未来的预见能力！

对城市的研究是注定无结果的寻找，是一种《在路上》的状态：……在路上，行者。七十二变，腾云驾雾，八千里路云和月，只为"西天取经"，然而路在何方，谁能言说？这是我在博士学位论文"城市形态活力论"后记中对初入城市研究的状态描述。

后来通过"潜入城市"——投身于城市建设实践，作为城市建设与规划的地方行政管理者，直接感受中国城市创造，新千年之初是中国城市史特别值得纪念的时期，中国城镇化率迅速向50%的阈值迈进，同当年的西方城市一样，中国城市跃入了蓬勃的青春期。伴随着大中国的律动、市民的热望，展现出政府营造城市的雄心，被那些只争朝夕呈现出来的建设成果所感动，为了向那段激情燃烧的青春岁月致敬！撰写了《城辨——学者的声音》《城惑——自在的图景》，我在后记"远处，有光"中写道：……坠！游牧，体验；潜入城市。惑！是非，思考；跃出城市。坠，惑，往前走——远处，有光！在坠入中体验处于混沌状态的城市，同时以一种"惑"的状态不断进行是非辨析。正如清华大学单德启教授为我所写的文字：一个"惑"字，更是立意深邃，岂有学术文章使你愈读愈惑之理？窃以为：学术就是"学问"，学而问之；不惑何以"问"？

本书的集结，是被新时代城市设计创造的激情所推动。回到湖南省建筑设计院，面对设计产业的深度裂变，必须摆脱传统路径依赖，回应新时代、新要求，因应这些思考，满怀豪情赋就《大风歌》：……

在湘水余波处秣马，

在太平洋放歌！

谈笑间，

凯歌高奏，

为王者赋，

唱大风歌！

设计创造城市价值，城市是设计者的舞台，设计者的气质会在城市中呈现，正是被一群可爱的年轻设计师的城市研究热情所感染，在带领他们做相关课题研究时，也将自己对城市的新思考呈现给大家。

本书的集结，是对中国城市建设者的致敬。在新时代、新发展理念下，"存量"环境品质的升级、城市功能的健全、绿色生态的强化、地方特色的呈现，中国城市建设展现出人类城市建设史上无与伦比的效率和品质掌控力，形成了独特的中国城市建设管理模式，创造出了有别于西方的中国城市空间形象。中国式城市现代化模式已成为全世界发展中国家比肩甚至超越西方发达国家的城市发展范式。

非常感谢卢济威先生、孟建民院士、胡越大师对本书的热情评点。感谢中南大学建筑与艺术学院我的几位学生：凌琳的专业与文字基本功都很扎实，参与组织起各项具体工作；黄媛媛直接参与了英文翻译；张曼莎、张思怡、吴宇靓参与了文字编辑；唐树兰对本书提出了建设性意见。同事肖勇、张成智积极组织，李建对相关研究做了有力推进。刘磊、周娉、王瑜、唐艺菱、谭祺文、刘伟、徐天舒、兆军、屈湘玲等老师朋友提出了很有价值的建议。本书的集结出版得益于家人的有力支持，得益于中国建筑出版传媒有限公司陈桦、率琦老师的关心和帮助。

一路走来，在高校、政府、企业多元身份间不断切换，能有机会站在文化、政治、经济的不同视角体验和思考当代城市，正如我创作的油画《城市经纬》，用姿意滴洒的方式呈现出当代城市状态：自组织与强管控下的混沌与秩序！网络与高速化流动交织成的强大生机活力！经天纬地的城市既宏观如同宇宙星系的投影，又微观如同量子粒子的轨迹！

  对城市密码的解码不只专注于学术疆界，而是通过拓展传统城市研究的路径与表达方法，以一种乐观的吟唱、一种泛文化读本形式，向热爱城市的人们呈现冲击我们日常思维的人文价值和思辨精神。

2020 年 7 月于长沙·省建院江雅园